中央高校基本科研业务费专项资金资助项目（中国对外贷款对债务国发展的影响与对策研究）
中国博士后科学基金面上项目（中国贷款与“一带一路”国家经济发展研究）

我国对外贷款对发展中国家经济增长的影响研究

The impacts of China's Overseas Lending on Economic Development of Developing Countries

袁 然◎著

中国经济出版社
CHINA ECONOMIC PUBLISHING HOUSE
·北 京·

图书在版编目（CIP）数据

我国对外贷款对发展中国家经济增长的影响研究 / 袁然著 . -- 北京 : 中国经济出版社，2025. 6. -- ISBN 978-7-5136-8282-4

Ⅰ. F112.1

中国国家版本馆 CIP 数据核字第 20259YM206 号

责任编辑 高 鑫 耿 园
责任印制 李 伟
封面设计 任燕飞

出版发行 中国经济出版社
印 刷 者 天津嘉恒印务有限公司
经 销 者 各地新华书店
开 本 710mm × 1000mm 1/16
印 张 15.5
字 数 204 千字
版 次 2025 年 6 月第 1 版
印 次 2025 年 6 月第 1 次
定 价 78.00 元

中国经济出版社 **网址** http://epc.sinopec.com/epc/ **社址** 北京市东城区安定门外大街 58 号 **邮编** 100011
本版图书如存在印装质量问题，请与本社销售中心联系调换（联系电话：010-57512564）

前 言

中国作为世界上最大的发展中国家，始终致力于在南南合作框架下支持其他发展中国家谋求发展，为推动落实联合国2030年可持续发展目标提出中国方案、贡献中国智慧、注入中国力量。特别是“一带一路”倡议提出以来，共建“一带一路”已成为促进国际合作与和平发展的重要平台，我国为推动相关国家的经济基础设施建设提供了资金支持。截至2024年，我国已与150多个国家签署了共建“一带一路”合作文件，带动近万亿美元投资，打造了一个个“国家地标”“民生工程”“合作丰碑”。然而，随着中国向发展中国家贷款规模迅速增长，国际社会出现了“债务陷阱”等误导性舆论，给全面推动共建“一带一路”高质量发展带来了一定的挑战。目前全球发展不平衡不充分的现象依然突出，多重全球性冲击给落实2030年可持续发展目标带来严峻挑战。在此背景下，探究中国对外贷款对发展中国家经济发展的影响具有重要的现实价值，同时可以成为回应国际负面观点有力的经验证据。然而，学术界对这一问题的研究仍存在研究视角单一、实证检验欠缺等诸多不足之处。

本书首先梳理了国际上关于中国对外贷款经济影响问题的核心争议点，并结合我国国情对现有观点的误解加以澄清，以明确本书研究的国际背景。为了提供可靠的事实依据，本书归纳了发展中国家外债存量的基本情况，并重点考察了中国在发展中国家外债形成中的作用。在经验分析部分，本书从国内经济影响和国际经济影响两个视角，分别考察了中国对外贷款对发展中国家减贫和出口增长的影响及其内在机制，从而评估中国对外贷款在促进发展中国家经济发展方面的有效性。从融资可持续视角来看，本书结合发达国家面临的劳动短缺困境，进一步探究了国际债务对债权国国际移民流入的影响，从而证实了国际债务有助于债权国和债务国双方解决各自发展困境，实现“双赢”目标。本书主要结论如下：

第一，就中国对外贷款问题的研究进展而言，已有研究重点探讨了以下四方面问题。一是中国对外贷款将如何影响发展中国家债务可持续性。对这一问题的不同意见主要源于中外发展融资理念的差异，部分学者关注短期债务可持续问题，但却忽略了通过长期经济增长来化解债务问题的重要性和可行性。此外，现有债务可持续性分析框架还存在诸多不足，据此得到的研究结论可能会放大发展中国家的债务风险和中国对外贷款的作用。二是中国对外贷款将如何影响发展中国家发展可持续性。部分文献认为，个别融资项目经济效益有待提升，但更多研究认为，中国对发展中国家基础设施建设的融资支持能够帮助其突破发展瓶颈，实现长期经济发展。三是中国对外贷款是否基于商业考虑。这一问题的争论主要反映了少数国家对“大国崛起”的担忧，缺乏令人信服的事实依据。四是中国对外贷款合同条款是否合理。其中，关于优惠度问题的讨论忽略了债务可持续性与融资可持续性之间的平衡。关于贷款信息透明度问题，我国已经通过加强国家间会计准则交流合作、强化贷款信息汇报等举措有效地加以完善。

第二，就发展中国家外债存量的特征事实而言，发展中国家国际债务发展呈现出四大发展趋势：一是发展中国家外债的流向从低收入国家、中等偏低收入国家逐步向中等偏上收入国家演变；二是发展中国家外债的来源从传统双边债权人逐步向以中国为代表的新兴债权人演变；三是全球主权债务违约国由发展中国家逐步扩展到发达国家；四是中国向发展中国家提供的优惠贷款比重由远超世界总体水平逐步演变到与其持平。

第三，就中国对外贷款对发展中国家减贫的影响而言，中国对外贷款有利于发展中国家实现减贫目标。促进经济增长是中国对外贷款在债务国发挥减贫效应的有效渠道，主要体现在促进国内投资和刺激国内消费增长。然而，中国对外贷款并未有效提升低收入群体的收入占比，这在一定程度上抵消了经济增长机制的作用效果。通过进一步研究发现，中国对外贷款对发展中国家在收入维度的减贫具有积极作用，但在推动健康和教育维度减贫方面的效果并不明显，关注女性减贫效果是改善这一问题的有效途径之一。中国对外贷款更有助于极端贫困发展中国家实现减贫目标，从而避免发展中国家之间贫困程度的两极分化。此外，在推动“一带一路”共建国家减贫方面，中国对外贷款能够发挥更大的作用。

第四，就中国对外贷款对发展中国家出口增长的影响而言，中国对外贷款显著推动了债务国对中国出口总额的增长。降低贸易成本、提升劳动生产率以及改善营商环境是中国对外贷款促进债务国对中国出口增长的有效机制。进一步研究发现，中国对外贷款在促进债务国对中国出口增长的同时，并不会抑制该国对中国以外其他国家的出口增长。特别要提到的是，中国对外贷款的债务国出口创造效应具有较强的韧性，成为债务国应对外部环境冲击的有益助力。此外，中国对外贷款有助于债权国培育核心优势产品，并促进非优势产品出口总额增长。

第五，就国际债务对债权国国际移民流入的影响而言，国际债务有助于债权国吸引来自债务国的国际移民流入。居民收入水平提升、教育服务质量改善以及社会网络关系加强是国际债务发挥这一移民创造效应的有效渠道。进一步研究发现，国际债务虽然有助于债权国吸引来自债务国的国际人才流入，但在优化债权国国际移民流入技术结构方面的积极作用并不显著。此外，在南南合作框架下，国际债务对于债权国吸引债务国国际移民流入、优化国际移民流入技术结构尚未产生显著的积极作用，发展中国家在提升其对国际人才吸引力方面，仍需付出诸多努力。

第六，就发展中国家国际债务发展的新机遇与新策略而言，发展中国家国际债务发展不仅会因全球经济复苏与转型、数字经济赋能国际发展合作而迎来新机遇，还将得益于中国生产性贷款的稳定供给以及中国在推动全球债务治理方面的突出贡献。然而，由于当前全球经济不确定、不稳定、不安全因素增多，发展中国家新一轮外债危机正在全球蔓延，外债在推动发展中国家经济增长方面的有效性仍有待加强。此外，中国作为推动“全球南方”发展振兴的中坚力量，中国对外贷款面临的政治化风险、输入性风险以及集中度风险不容忽视。为了充分把握发展机遇、有效应对突出挑战，应着力推动发展中国家实现“外债—发展—偿债”的良性循环，逐步完善发展中国家外债管理机制。鉴于中国对外贷款面临的多重风险，我国应积极回应国际社会关于中国对外贷款的不实言论，提升我国应对国际债务输入性风险和集中度风险的能力。

总之，在严峻复杂的国际环境下，中国推动共建“一带一路”高质量发展，必须有效应对多种风险挑战，妥善回应国际社会关于中国对外贷款问题的各方观点。经验数据表明，中国在南南合作框架下向其他发展中国家提供的融资支持能够有效地推动其实现减贫目标、提升出口竞争力，从而为发展中国家实现可持续发展目标贡献中国力量，充分彰显了大国担当。

目录 CONTENTS

第1章　绪　论 …… 1

一、研究背景与研究意义 …… 2

二、研究思路与研究方法 …… 6

三、研究目标与创新点 …… 11

四、典型案例分析 …… 13

第2章　中国对外贷款对发展中国家经济影响的研究述评 …… 21

一、引言 …… 22

二、中国对外贷款对发展中国家债务可持续性影响的相关讨论 …… 24

三、中国对外贷款对发展中国家发展可持续性影响的相关讨论 …… 27

四、中国对外贷款战略目标的相关讨论 …… 30

五、中国与发展中国家签订的债务合同条款的相关讨论 …… 33

六、中国对外贷款对发展中国家经济增长影响的进一步辨析 …… 38

七、本章小结 …… 45

第3章　发展中国家国际债务发展的特征事实 …… 49

一、引言 …… 50

二、发展中国家国际债务的发展历程与特征事实······52
三、中国对外贷款的发展历程与特征事实······70
四、非洲国家国际债务的发展历程与特征事实······79
五、本章小结······84

第 4 章　中国对外贷款对发展中国家减贫影响的实证研究······87

一、引言······88
二、文献综述······90
三、理论分析与研究假设······94
四、模型设定与数据说明······97
五、实证结果及分析······103
六、影响机制检验······109
七、拓展性分析······113
八、研究结论与政策建议······119

第 5 章　中国对外贷款对发展中国家出口增长影响的实证研究······123

一、引言······124
二、文献综述······126
三、理论基础与研究假设······129
四、模型设定与数据说明······133
五、实证结果及分析······135
六、影响机制检验······143
七、拓展性分析······146
八、研究结论与政策建议······155

第 6 章 国际债务对债权国国际移民流入影响的实证研究……………159

一、引言……………160
二、文献综述……………162
三、理论机制与研究假设……………165
四、模型设定与数据说明……………169
五、实证结果及分析……………172
六、影响机制检验……………180
七、拓展性分析……………184
八、研究结论与政策建议……………190

第 7 章 发展中国家国际债务发展机遇、挑战与策略分析……………193

一、引言……………194
二、发展中国家国际债务发展的新机遇……………195
三、发展中国家国际债务发展的突出挑战……………200
四、发展中国家国际债务发展的策略分析……………208
五、本章小结……………213

参考文献……………215

第1章

绪　论

一、研究背景与研究意义

（一）研究背景

1. 现实背景

债务问题已经成为全球面临的新风险之一，但发展中国家实现 2030 年可持续发展目标仍面临巨大的资金缺口。联合国贸发会议发布的《2023 年世界投资报告》指出，发展中国家面临的发展融资缺口已从 2015 年的 2.5 万亿美元增加到每年 4 万亿美元以上，其中，能源、水和交通基础设施领域的资金缺口最大。在推动共建“一带一路”高质量发展过程中，我国致力于为发展中国家提供长期、稳定、可持续、风险可控的融资安排。党的二十大报告指出，中国愿加大对全球发展合作的资源投入，致力于缩小南北差距，坚定支持和帮助广大发展中国家加快发展。习近平总书记在亚太经合组织工商领导人峰会等会议的讲话中也多次提及这一问题。然而，随着中国对外贷款规模的增长，国际社会出现了“债务陷阱”等负面舆论（Chellaney，2017），并将发展中国家普遍上升的债务风险归因于中国对外贷款。从发展中国家经济增长视角审视中国对外贷款问题，有助于回答中国对外贷款对发展中国家而言究竟是发展机遇还是“债务陷阱”这一被广泛关注且颇具争议的话题。因此，全面评估并优化中国对外贷款对发展中国家经济增长的影响，成为亟待解决的新问题。

在经济全球化的时代背景下，探讨发展中国家经济发展问题应涵盖国内国际经济发展的双重问题。其中，就国内经济增长而言，消除贫困不仅是全球可持续发展的首要目标，而且已经成为发展中国家国内经济发展面临的最大挑战之一。据世界银行统计，自 20 世纪 80 年代以来，发展中国家贫困人口占比显著下降，但截至 2022 年，这一比例仍高于 10%，处于较高水平，这意味着发展中国家每 10 个人口中至少有 1 人尚未脱贫。特别地，新冠疫情等因素的冲击进一步阻碍了发展中国家的减贫进程，自 2019 年开始，发展中国家贫困人口占比经历了小幅上涨的过程，这更凸显了发展中国家减贫问题的紧迫性。此外，就国际经贸往来而言，出口贸易在发展中国家经济增长中的作用不容忽视。出口贸易不仅是拉动一国经济增长的“三驾马车”之一，还能通过多元化消费市场、倒逼企业生产率提升等途径，增强发展中国家经济韧性。然而，发展中国家出口增长的步伐却十分缓慢。根据联合国贸发会议的统计数据，发展中国家货物贸易出口份额从 1970 年的 18.89% 增长至 2023 年的 44.02%，但仍不及世界出口总额的 1/2。因此，从减贫和出口增长视角考察发展中国家经济发展问题不仅具有现实研究价值，而且也切合经济全球化这一时代背景的要求。

2. 理论背景

以中国为代表的新兴债权人崛起不仅深刻影响着国际融资格局，而且也引起学术热点的变化。中国对外贷款及其对发展中国家经济发展的影响问题成为国内外学者广泛关注的研究热点之一。已有研究不仅探讨了中国对外贷款动因问题（Moody，2018；Lin and Wang，2020），而且从债务风险（Reinhart，2018；Brautigam et al.，2020）、发展持续性（Miller，2019；Morris and Plant，2019）等视角，评判了中国对外贷款对债务国经济的影响。基于新闻媒体报道信息，已有研究还深入项目层面，分析了中国对外贷款合同的基本特征，并指出可能存在优惠度不足、信息不透明等潜在问题（Morris et al.，2020；Gelpern et al.，2021）。此外，部分学者将研究主题聚焦于中国对外援助，评估了中国对外援助对受援国经济增长（Dreher et al.，2021）、工业发展（徐丽鹤等，2020）、对外贸易（Liu and Tang，2018；黄梅波、朱丹丹，2015）以及国内政治稳定（Ravetti et al.，2018；李嘉楠等，2021）的影响。总的来看，已有文献为本书的深入研究提供了重要参考，但仍有较大研究空间。具体体现在以下三个方面：

第一，已有关于中国对外贷款对发展中国家经济增长影响的研究多采用定性分析，缺乏在理论与实证层面严谨地推导与检验，由此得到的研究结论难以令人信服。因此，亟须基于科学方法准确评估中国对外贷款对债务国发展的影响，为回应国际舆论提供经验证据。

第二，既有的理论与实证分析多是基于国际援助数据，少数文献考察了国际债务与债务国经济增长的关系。然而，国际援助和国际债务在资金构成、资金用途、融资规模以及融资成本等方面的差异导致现有研究结论未必适用于国际债务。此外，国际债务兼顾了债务国和债权国的经济收益，更容易实现融资可持续性，因而成为发展中国家长期重要的资金来源。因此，亟须结合国际债务发展的时代特点，系统考察国际债务对发展中国家经济增长的影响，丰富现有学术文献。

第三，中国作为新兴债权人，在南南合作框架下提供的海外融资具有资金规模庞大、生产性贷款占比高、资金流稳定等利于发展中国家可持续发展的优势，这与传统债权人存在本质区别。因此，针对其他债权人的研究结论未必适用于中国，亟须以中国为典型案例进行深入研究。

近年来，世界银行国际债务统计（International Debt Statistics，IDS）数据库（以下简称 IDS 数据库）逐步完善了中国对外贷款数据，从而为开展实证分析提供了难得的契机。基于已有研究的不足，本书将对“中国对外贷款对发展中国家经济发展的影响”问题进行理论与实证研究。本书将综合运用国际金融学、国际贸易学以及宏观经济学等学科相关理论，通过严谨的理论推导和实证检验，全面考察中国对外贷款影响发展中国家经济发展的实际效果及作用机制。本书将重点探讨以下问题：（1）发展中国家国际债务发展的突出特点和发展态势如何？（2）中国对外贷款影响发展中国家经济发展的效果如何？其内在机制是什么？（3）立足债权国发展视角，一国向发展中国家提供的对外贷款能否实现“双赢”目标？（4）发展中国家国际债务发展将面临怎样的新机遇和新挑战？对此应采取怎样的新策略？本书将对上述问题逐一展开研究。

（二）研究意义

中国作为广大发展中国家的一员，始终秉持“授人以渔”的理念，通过国际发展合作切实支持发展中国家的能力建设。习近平总书记先后于2013年和2021年提出共建“一带一路”倡议和全球发展合作倡议，这些积极举措旨在让世界分享发展红利，推动全球发展合作。本书将从国内经济增长和国际经贸往来两个视角，深入探讨中国对外贷款对发展中国家经济发展的影响研究。本书的研究结论对于丰富国际债务经济影响研究文献，推动新时代中国国际发展合作开创新局面具有重要意义。

1. 学术价值

与以往采用定性分析的研究不同，本书从中国对外贷款的发展驱动型特点出发，重点采用理论与实证分析相结合的方法，探究中国对外贷款对发展中国家经济增长的影响。首先，本书将在已有理论模型和分析框架基础上，融入中国对外贷款特点，以此提升已有理论分析对中国相关问题的解释力；其次，本书将结合数据特点选取恰当的实证方法，着力解决内生性等问题，定量评估中国对外贷款影响发展中国家经济增长的实际效果及其内在机制；最后，融资可持续性是影响国际债务发挥作用的前提条件，本书还将进一步论证国际债务融资可以实现债务国和债权人双方的“互利共赢”。因此，本书对于丰富和拓展国际债务、可持续发展等国际经济领域核心问题的研究，具有一定的学术价值。

2. 应用价值

国际社会关于中国对外贷款对债务国发展影响问题存在诸多争议，原因之一在于相关理论与实证分析匮乏，在驳斥“债务陷阱”等国际舆论时难以提供令人信服的经验证据。一方面，立足经济全球化时代背景，本书将从国内和国际经济发展两个维度，全面评估中国对外贷款对发展中国家经济增长的影响，进而探索优化中国对外贷款发展有效性的政策建议；另一方面，面对百年未有之大变局，本书深入剖析了发展中国家国际债务发展的新机遇与新挑战，从而提出更加符合时代特点的发展策略。因此，本书对于科学认识中国对外贷款的发展有效性、回应国际舆论争议、有效防范发展中国家外债风险均具有一定的应用价值。

二、研究思路与研究方法

（一）研究思路

本书遵循“提出问题→分析问题→解决问题”的逻辑思路，系统分析中国对外贷款对发展中国家经济增长的影响。在提出问题阶段，本书在深入了解国内外研究现状的基础上，紧扣经济全球化这一时代背景，结合发展中国家面临的关键发展问题，并充分考虑中国对外贷款的优势，提出本书的研究主题。在分析问题阶段，本书分别从国内和国际经济发展视角，考察了中国对外贷款对债务国减贫和出口增长的影响，并验证其发挥作用的内在机制。鉴于发展中国家存在发展融资缺口较大的特征事实，融资可持续性将对发展中国家提升外债使用效率至关重要。基于此，本书还从债务国经济增长视角，进一步考察国际债务是否有助于债务国和债权国双方实现“双赢”目标。最后，在解决问题阶段，本书结合以上研究结论，进一步分析了发展中国家国际债务发展面临的新机遇与新挑战，提出符合时代特征的政策建议。本书共分为七个章节，具体内容如下：

第 1 章是绪论。本章主要介绍本书的研究背景与研究意义、研究思路与研究方法以及研究目标与创新点等内容。此外，本章还介绍了中国对外贷款促进发展中国家经济发展的典型案例，从而更加清晰地了解本书研究的现实基础。

第 2 章是中国对外贷款对发展中国家经济影响的研究评述。本章将已有文献的核心关注点归纳为四个方面：第一，中国对外贷款对发展中国家债务可持续性的影响；第二，中国对外贷款对发展中国家发展可持续性的影响；第三，中国对外贷款的驱动因素；第四，中国对外贷款合同条款合理性。在此基础上，本章针对上述问题，逐一梳理了国内外相关研究进展，并结合中国实际情况加以补充回应，从而更加理性客观地认识中国对外贷款对发展中国家经济发展的真实影响。

第 3 章是发展中国家国际债务发展的特征事实。本章分别立足于全球视角和中国视角，从外债规模、外债结构、外债违约等方面，详细总结了发展中国家国际债务发展的特征事实。此外，非洲作为发展中国家最为集中的大陆，也是全球债务融资的重要需求方，本章还详细回顾了非洲国家国际债务发展的特征事实。

第 4 章是中国对外贷款对发展中国家减贫影响的实证研究。消除贫困不仅是全球面临的最大挑战之一，也是可持续发展的首要目标。基于此，本章从国内经济发展视角，聚焦于探讨中国对外贷款对发展中国家减贫的影响，并基于“外债—增长—减贫”的分析框架考察中国对外贷款减贫效应的作用机制。

第 5 章是中国对外贷款对发展中国家出口增长影响的实证研究。出口不仅是拉动一国经济增长的“三驾马车”之一，也是发展中国家融入国际市场的重要方式。基于此，本章从国际经济发展视角，聚焦于考察中国对外贷款对发展中国家出口增长的影响，并深入产品层面剖析出口增长的源泉。此外，本章还从成本优势视角，检验了中国对外贷款出口创造效应的作用机制。

第 6 章是国际债务对债权国国际移民流入影响的实证研究。债权国向发展中国家提供的债务融资在助力其实现发展目标的同时，能否有助于债权国解决劳动力和人才短缺问题，从而实现“双赢”？对这一问题的回答，直接关系到发展中国家债务融资可持续问题。基于国际移民流动数据可得性，本章将在南北合作框架下，从移民规模和移民技术结构两个视角考察国际债务对债权国国际移民流入的影响，并验证这一效应发挥作用的内在机制。

第 7 章是发展中国家国际债务发展的机遇、挑战与策略分析。提出优化发展中国家外债使用效率的政策建议是本书研究的最终落脚点。然而，面对百年未有之大变局，发展中国家国际债务发展迎来了新机遇与新挑战，因此有必要提出更加符合时代特点的发展策略。基于此，本章从全球视角和中国视角，详细剖析了发展中国家国际债务发展的机遇、挑战与策略问题，从而提出有效防范发展中国家外债风险，加快实现全球可持续发展目标的政策建议。

本书的总体框架图如图 1-1 所示。

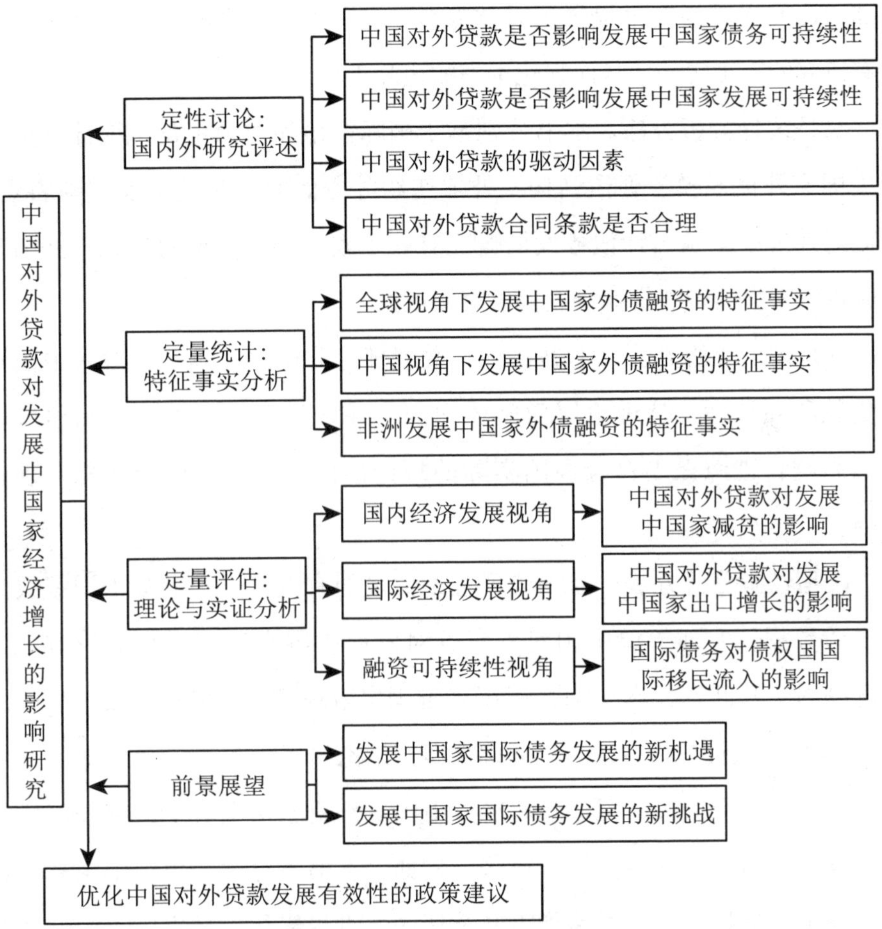

图 1–1 研究框架示意图

（二）研究方法

本书采用定性分析与定量分析相结合的方法，深入探讨中国对外贷款对发展中国家经济增长的影响，力求得到更加可靠的研究结论。具体研究方法包括：

一是文献研究法。本书采用文献研究法对国内外相关文献进行系统性梳理，以了解学术界对中国对外贷款问题的研究进展，明确研究空间。一方面，已有文献为本书提供了有益参考；另一方面，文献研究有助于了解现有研究的不足之处，从而强化本书的边际贡献。

二是统计分析方法。本书分别基于国际视角和中国视角，统计分析发展中国家外债规模、外债结构、外债违约等方面的变化趋势及其新特点，从而对发展中国家国际债务发展概况有一个较为全面清晰的认识，并为理论分析融入中国对外贷款特点提供事实依据。

三是理论分析方法。本书在已有文献理论分析的基础上，融入中国对外贷款的独特性，从理论层面阐述中国对外贷款对债务国减贫和出口增长的影响，进而提出符合中国实际的理论假设，并为实证分析奠定理论基础。

四是经验分析方法。为了验证理论假设的有效性，本书基于国家层面的经验数据，实证检验中国对外贷款对发展中国家经济增长的影响。为了解决内生性问题，本书综合运用多维固定效应模型、Shift-share IV 以及 2SLS 估计等实证分析方法，以此确保研究结论的可靠性。

五是比较分析法。为了全面展现中国对外贷款对发展中国家经济增长的影响，本书充分运用比较分析法。例如，本书通过比较发展中国家来自中国与传统债权人（如国际货币基金组织、世界银行、日本等）的外债存量现状与特点，分析中国对外贷款在发展中国家外债形成中的作用。在考察中国对外贷款减贫效应时，从健康、教育和收入三个维度，比较中国对外贷款对发展中国家不同维度减贫影响的异同之处。在探究中国对外贷款出口创造效应时，从产品层面将出口总额进行二元边际分解，比较中国对外贷款对发展中国家出口扩展边际和集约边际影响的差异性。在检验国际债务移民流动效应时，还比较了国际债务对债权国吸引普通移民和高技术移民流入影响的差异性。

三、研究目标与创新点

（一）研究目标

1. 理论目标

本书致力于从以下四个方面推进国际债务及其经济影响问题的研究进展：首先，从全球视角和中国视角，厘清发展中国家国际债务发展历程及特点；其次，结合中国对外贷款特点，拓展已有理论分析框架，揭示中国对外贷款影响发展中国家国内与国际经济发展的理论机制；再次，基于国家、产品层面的数据，评估中国对外贷款对发展中国家国内与国际经济发展影响的实际效果，并验证理论假设的有效性；最后，从债权国劳动力和人才流入的视角出发，论证了国际债务能够实现债务国和债权国的"双赢"，为确保发展中国家融资可持续性奠定理论基础。

2. 应用目标

本书着力从以下四个方面提升研究结论的现实应用性：首先，精准评估中国对外贷款影响发展中国家国内与国际经济发展的作用效果及其机制，为回应国际舆论提供经验证据；其次，明确中国对外贷款在推动发展中国家国内与国际经济发展的优势领域及不足，为全面提升中国对外贷款发展的有效性提出有参考价值的政策建议；再次，在全球人才竞争日益激烈的背景下，本书为一国吸引国际人才流入提供了新的方案，即积极参与国际发展合作；最后，提炼发展中国家债务发展面临的新机遇与突出挑战，为发展中国家充分把握发展机遇、提前防范外债风险提出符合时代特点的政策建议。

（二）研究创新点

1. 学术思想的创新

一方面，本书拟从国内与国际经济发展两个维度构建分析框架，系统评估中国对外贷款推动发展中国家经济发展的实际效果和作用机理。因此，本书为全方位评估国际债务对债务国发展的影响提供了符合中国特点、契合全球化时代背景的系统性分析框架。另一方面，不同于已有研究从外债可持续性视角考察国际债务问题，本书将从发展中国家经济增长视角审视中国对外贷款问题。一国发展潜力的提升也有助于其增强债务负担能力进而实现债务可持续的目标。因此，本书为科学审视国际债务问题提供了具有前瞻意义的研究视角。

2. 学术观点的创新

首先，中国对外贷款具有资金规模庞大、生产性贷款占比高、资金流稳定三大优势，是有利于发展中国家可持续发展的重要特征。中国对外贷款以“授人以渔”的方式为发展中国家提供新的发展机遇。其次，中国结合自身比较优势，致力于改善发展中国家的交通运输和通信设施。这不仅有助于发展中国家突破国内发展瓶颈，也为其融入全球市场创造了条件。因此，中国对外贷款是发展中国家畅通国内与国际市场的重要媒介。最后，国际债务融资有助于提升发展中国家个体移民能力，加强发展中国家与债权国双边社会网络关系，这都是债权国吸引国际劳动力流入的关键因素。因此，国际债务融资有助于债务国和债权国突破各自面临的发展瓶颈，达到“双赢”目标。

3. 研究方法的创新

不同于已有采用定性分析的文献，本书将充分利用近年来中国对外贷款数据日益完善、指标持续丰富带来的契机，重点采用理论与实证分析相结合的方法展开研究。一方面，本书将中国对外贷款特点纳入已有理论分析框架，以此提升现有理论对中国问题的解释力；另一方面，本书基于国家层面和产品层面数据，深入探究中国对外贷款促进发展中国家减贫和出口增长的有效性，并采用多种方法解决遗漏变量和反向因果引致的内生性问题，从而弥补定性研究说服力不足的缺陷。

4. 研究数据的完善

长期以来，受限于中国对外贷款官方数据可得性，国外学者或机构尝试依据新闻媒体报道构建中国对外贷款数据库，比如 HRT 数据库、约翰斯霍普金斯大学的中国对非洲贷款数据库等。但是，这些数据库不仅数据准确性、权威性和可比性较差，而且多为承诺贷款数据，并非已发生的实际贷款数据，从而导致研究结论可能存在一定的偏差。但近年来，IDS 数据库逐步公布并完善了中国对外贷款数据，这也是唯一的官方数据，从而为开展相关经验分析提供了难得契机。本书基于 IDS 数据库公布的经验数据展开研究，以揭示中国对外贷款促进发展中国家经济增长的实际作用及其内在机制。

四、典型案例分析

为了对中国对外贷款及其实际效果形成一个初步认识，本章选取代表性的案例，从项目基本情况和经济效果两个方面进行简要介绍。总的来看，本章所介绍的典型案例不仅涵盖欧洲、亚洲和非洲等多个地区，还涉及交通、能源、电力和通信等多个生产领域，从而能够较好地反映中国对外贷款的作用效果。具体如下：

（一）塞尔维亚 E763 高速公路项目

塞尔维亚 E763 高速公路项目起始于塞尔维亚首都贝尔格莱德，终止于黑山共和国巴尔港，在塞尔维亚境内全长约 265 公里，不仅是塞尔维亚境内高速路网的重要一环，而且是欧洲路网 11 号走廊的重要构成部分。

塞尔维亚地处欧洲东南部，拥有 8 个陆上邻国，被誉为“欧洲的十字路口”。但其交通基础设施总量匮乏，严重制约了当地经济发展。作为大型基础设施建设工程的 E763 高速公路项目建设成本高昂，仅靠塞尔维亚的财政支持难以完成该项目的建设。中国与塞尔维亚在高质量推进“一带一路”建设的进程中开展了广泛合作，E763 高速公路项目成为欧洲第一条由中国企业建成通车的高速公路项目，也是我国对中东欧融资贷款协议框架内第一个落地的高速公路项目。E763 高速公路项目由中国进出口银行等金融机构提供优惠贷款支持，并由中国交通建设股份有限公司（以下简称中国交建）作为主要承建企业，全程参与项目设计、规划和建设等各环节。

E763 高速公路项目于 2013 年 5 月正式签约，2014 年 6 月开工建设。经过五年多的施工建设，2019 年 8 月塞尔维亚 E763 高速公路举行通车仪式，标志着这一项目的奥布雷诺瓦茨—利格段路段正式完工并投入使用。2023 年 4 月，由中国交建承建的新贝尔格莱德—苏尔钦段正式通车，使得 E763 高速公路通车总里程达到 140 公里。此外，项目中的多个关键隧道也相继实现贯通。其中，穆尼诺波勒多隧道于 2024 年 12 月实现双洞贯通，是塞尔维亚第二长的高速公路隧道，也是施工难度最大的隧道之一。

E763 高速公路项目建设进程中面临着多重挑战。该项目贯穿塞尔维亚南北，穿越多条山川河流，设计难度不亚于“登川入蜀”。中国设计团队严格按照塞尔维亚的标准，充分发挥设计施工一体化的优势，创新性地采用多项新技术新工艺，克服了当地洪水灾害、地质复杂等多重难关，并最大限度地降低对当地环境的影响。在对标欧洲标准的过程中，不仅使中国施工工艺得到提升，塞尔维亚本国的项目参与者也汲取了中国的公路建设经验。

E763高速公路项目建成通车为塞尔维亚经济发展带来了诸多机遇。首先，该项目有助于完善塞尔维亚交通基础设施网络，降低物流运输成本，改善投资环境，从而推动塞尔维亚国际经贸往来；其次，该项目为塞尔维亚引进了中国的设计施工技术，改善了其国内就业环境，为当地劳动者提供了更多的工作和培训机会；最后，该项目使塞尔维亚成为地区互联互通的重要枢纽，有助于提升塞尔维亚的国际影响力，促进其与周边国家的交流合作。此外，中国建筑企业得以借此走出国门，对标国际标准，提升了全球化参与水平，并凭借一流的项目质量和施工效率，在国际上树立良好的中国企业形象，为推动共建“一带一路”高质量发展提供了新的示范项目。

（二）斯里兰卡莫勒格哈坎达灌溉项目

斯里兰卡莫勒格哈坎达灌溉项目是斯里兰卡规模最大的水利枢纽工程。该项目从南到北贯穿斯里兰卡，利用其高达6亿立方米的库容，将雨季充沛的水资源调节到旱季使用，还将中部的水源调节到北部使用，因而有“斯里兰卡三峡工程”和“斯里兰卡南水北调工程”之称。

农业是斯里兰卡国内经济发展的支柱产业。因斯里兰卡地处赤道附近，属于热带季风气候，极端干旱与洪涝灾害频发。同时，斯里兰卡国内水资源分布极为不均，主要集中在该国西南部，而其他地区难以满足农业与居民用水需求，如何改善本国用水问题一直是斯里兰卡政府重点关注的民生问题。然而，受经济增长放缓、通货膨胀加剧以及政治不稳定等因素的影响，斯里兰卡国内财政资源有限，获得外部融资成为推动本国水利基础设施建设项目实施的关键。在推动共建“一带一路”高质量发展的过程中，我国致力于将ESG理念融入其中，大力发展绿色融资项目，再加上我国在水利工程建设领域拥有丰富经验和先进技术，为莫勒格哈坎达灌溉项目的顺利实施创造了条件。

2011年，中国国家开发银行与斯里兰卡财政与经济事务部签署了《规划咨询合作框架协议》，并将莫勒格哈坎达灌溉项目纳入协议。中国国家开发银行参照6个月Libor利率向斯里兰卡提供了2.14亿美元长期低息贷款，有效减轻了斯里兰卡的还款压力。2012年7月，由中国水电建设集团承建的莫勒格哈坎达灌溉项目正式动工，这是中国企业在斯里兰卡承建的第一个大型水利枢纽项目。然而，项目所在地复杂的地质条件致使施工难度较大。中国水电建设集团凭借其在水利灌溉领域丰富的施工经验，通过精心勘测和设计，攻克了该项目在坝体设计、施工标准等方面的技术难题，形成了一套完备可行的方案。历经五年多时间，2017年1月莫勒格哈坎达灌溉项目全部完工，并于2018年1月举行竣工移交仪式。

莫勒格哈坎达灌溉项目实现了“一座大坝带动一国经济”，并于2019年入选首届全球减贫最佳案例。其经济收益主要体现在以下三个方面：第一，该项目有效解决了斯里兰卡生产生活用水问题。作为以农业为支柱产业的国家，斯里兰卡下游8万多公顷[①]农田的灌溉状况得到显著改善，稻米和水库鱼产量均实现大幅增长，并为约35万人口提供了充足的饮用水。第二，该项目极大拓宽了当地居民就业渠道。该项目近八成员工来自当地，为当地居民提供了工程师、技术员、秘书等上千个就业岗位，并拉动当地平均工资从2012年的2万卢比增长至2018年的4万多卢比。第三，该项目显著降低了当地用电成本。该项目配备25兆瓦的装

① 1公顷=10000平方米。

机容量，相较于当地燃油发电站，该水电站年发电量为该国节省了高达1414万美元的年度开支。此外，中国与斯里兰卡在项目推进过程中的紧密协作，增进了彼此的政治互信与经济合作，从而为两国在更多领域的深入交流奠定了良好基础。

（三）赞比亚下凯富峡水电站项目

赞比亚下凯富峡水电站项目位于赞比亚首都卢萨卡以南约90公里的卡富埃河畔，是赞比亚近40年来最大的基础设施建设项目，承担着赞比亚电网调峰、调频等重要功能。

赞比亚境内水资源丰富，水电成为该国最主要的电力来源。然而，由于水电产业投资不足，基础设施建设滞后，赞比亚难以满足日益增长的国内用电需求，全国仅有约30%的人口能够获得稳定的电力供应。中国与赞比亚长期保持着良好的双边关系，且中国企业在海外工程承建方面拥有丰富经验，因此，中国对外贷款成为推动下凯富峡水电站项目建设的强大助力。下凯富峡水电站项目由中国水电建设集团以EPC（即“设计—采购—施工”）总承包模式承揽，EPC合同总额的85%由中国进出口银行和中国工商银行提供中长期买方信贷，有效弥补了赞比亚的资金缺口。

下凯富峡水电站属于典型的高水压、小流量电站，引水隧道和发电机组的技术含量极高。为满足赞比亚政府更快、更好建设电力基础设施的迫切需求，中国企业组织专家团队前往赞比亚，与当地专家开展密切合作，成功攻克了重重技术难题，并形成了赞比亚电力规划研究等多份分析报告，为赞比亚制订短期应急电力提升方案和中长期可持续发展计划提供了有益参考。在中国与赞比亚共同努力下，下凯富峡水电站于2015年11月开工建设；2021年7月首台机组完成并网发电；2023年3月全部机组实现并网发电，极大地提高了赞比亚电力供应能力，该项目被称为中赞合作的“一号工程”、中赞共建“一带一路”旗舰项目。

下凯富峡水电站项目不仅对赞比亚供电稳定和可持续发展意义重大，还有助于缓解赞比亚周边国家的电力紧张问题，该项目于2024年获评第五届全球减贫最佳案例。在国内影响方面，截至2023年11月，下凯富峡水电站累计发电量已超79.28亿千瓦时，使赞比亚的电力供应能力提升了38%左右、二氧化碳排放量减少了近706.2万吨。电力是能源领域的重要组成部分，赞比亚稳定的电力供应为各行业发展注入了强大动力，有效减少了设备损耗和生产延误等情况。此外，该项目建设为赞比亚创造了近1.5万个就业岗位以及上亿元税收收入，中国电力建设集团创办的中国水电培训学院已为当地培养输送了超300名基建技能型人才。在国际经济影响方面，下凯富峡水电站巩固了赞比亚在南部非洲电力体系中的核心地位，充分满足本国电力需求，还向马拉维、津巴布韦、南非、纳米比亚等国家输送电力，为非洲各国发展做出了巨大贡献。

（四）菲律宾DITO通信网络部署项目

菲律宾DITO（DITO Telecommunity Corporation，简称DITO）是2019年成立的一家电信企业，也是继Globe和Smart之后，菲律宾的第三大移动运营商。在数字经济时代，消费者对移动数据和应用程序的需求显著增加。DITO旨在通过更快、更安全、更高品质的4G和5G技术改善菲律宾全国范围内的网络连接状况。

DITO作为一家初创公司，要从零开始建设覆盖菲律宾大部分地区的4G和5G移动通信网络，困难重重。从地理环境来看，菲律宾岛屿众多、地形复杂、气候多变，这就要求相关数据中心能够在复杂多变的环境中正常运行，且须满足地理空间、设备能耗、工程进度等多方面的要求。近年来，中兴通讯股份有限公司（以下简称中兴通讯）不仅在国内发展势头强劲，在海外发展也持续向好，业务覆盖160多个国家和地区，拥有端到端的工程服务能力体系，因而有能力满足DITO公司成本管理和质量战略需求。因此，2019年10月，中菲两国达成合作，由中兴通讯以EPC方式承揽菲律宾DITO通信网络部署项目，项目合约总价值为280亿元人民币，通过中国电信集团借款、银团贷款等多种方式融资。DITO通信网络部署项目不仅是菲律宾新一代网络建设的重要组成部分，更是“一带一路”框架下中菲合作的重点项目。

为了应对一系列挑战，中兴通讯从项目管理、施工设计、人才调派以及物流运输等各方面保障施工进度和项目质量。具体而言：中兴通讯从全球快速集结了拥有成功交付经验的管理团队，设立了“项目总负责人—项目经理—现场执行团队”三层架构的项目管理团队，明确项目分工，确保项目进度。面对工期紧张和地理环境复杂等问题，中兴通讯从国内派遣了优秀施工团队，因地制宜地制订施工计划，并在项目前期强化资源储备。此外，为了克服疫情影响，中兴通讯采用集装箱方案，确保资源和设备快速到货并完成安装。总之，在上述多种举措的共同努力下，该项目年交付量达到菲律宾历史平均的2 ~ 3倍，工程质量达到中国和菲律宾两国的最高标准，开创了菲律宾电信网络建设的新速度。2021年12月，中兴通讯完成了DITO通信网络部署项目的一期建设任务。鉴于中兴通讯的出色表现，2021年中兴通讯DITO数据中心项目荣获W. Media超大型创新项目（自动化）大奖。

DITO通信网络部署项目极大提升了当地通信服务质量，加速了菲律宾的数字化进程。截至2024年底，该项目已建成7000多个物理站点，菲律宾网络覆盖率超过86%，活跃用户数突破1300万，通信服务质量大幅提升，通信资费大幅下降。此外，该项目发挥了显著的就业带动效应，为当地创造了数以万计的就业岗位，高峰时期当地员工占比达到近 3/4（约为 73%）。更为重要的是，该项目十分关注当地通信人才培养，通过设立 K.D.T（Knowledge Delivery Training）训练营等方式，为菲律宾通信行业发展提前储备人才。此后，中菲两国在数字经济领域的合作逐步加深。

第 2 章

中国对外贷款对发展中国家经济影响的研究述评

一、引言

随着中国经济实力的增强力度，尤其是“一带一路”倡议提出后，我国加大了对发展中国家的资金支持力度，进而成为重要新兴债权国之一。与此同时，部分发展中国家出于各种原因出现了债务偿付问题。在此背景下，国外学者开始从中国对外贷款视角剖析发展中国家外债风险的成因。2017 年，印度新德里政策研究中心研究员布拉马·切拉尼（Brahma Chellaney）提出了“债务陷阱”的观点，将发展中国家日趋严重的债务问题归咎于中国对外贷款。尽管“债务陷阱”这一说法并未得到国际社会的普遍认同，但这一具有误导性的观点仍引起了国际社会的广泛关注，越来越多的学者和机构从不同视角探讨了中国对外贷款对发展中国家经济增长的影响。这场愈演愈烈的讨论，一方面指出了中国在向发展中国家提供资金支持过程中可能存在的有待改进之处；另一方面，“债务陷阱”等有失客观的舆论误导给“一带一路”建设和中国国际形象带来了一定的负面影响。因此，理性认识中国对外贷款对发展中国家经济增长的影响，对于我国推进共建“一带一路”高质量发展具有重要的理论意义和现实意义。

发展中国家普遍面临资金缺口，这使其成为全球重要的债务国，也受到国内外学者的重点关注。新冠疫情的大流行给发展中国家带来了巨大冲击，更凸显了研究发展中国家外债问题的重要性和紧迫性。一方面，新冠疫情引起的经济下滑加重了发展中国家和新兴市场国家的债务负担。根据国际货币基金组织（International Monetary Fund，IMF）的预测结果，新兴市场国家和中低收入国家公共债务存量占此类国家国内生产总值（Gross Domestic Production，GDP）的比重，将从 2019 年的 52.6% 攀升至 2020 年的 62.2%，短短一年时间的增幅接近 10 个百分点（IMF，2020）。另一方面，高额外债将阻碍发展中国家采取及时的措施应对新冠疫情，抵销发展中国家为实现可持续发展目标所需的投资（UN，2020）。已有研究发现，国际债务会通过资本积累渠道、财政渠道、通胀渠道等多种途径对债务国经济产生重要影响（Diamond，1965；Saint-Paul，1992；Reinhart and Rogoff，2010；Alfaro et al.，2014）。在此背景下，中国日益成为全球重要的债权人之一，科学地考量中国对外贷款的经济影响，对稳定和推动发展中国家经济发展至关重要。

基于此，本章将系统性地评述中国对外贷款对发展中国家经济增长的影响。通过本章的研究，试图回答以下四方面的问题：①中国对外贷款将如何影响发展中国家债务可持续性；②中国对外贷款将如何影响发展中国家实现发展可持续性；③中国为什么会向发展中国家提供对外贷款；④发展中国家与中国签订的债务合同条款是否合理。在详细梳理国内外已有研究的基础上，本章结合中国经济发展特点，对现有研究进行补充论述。总而言之，本章通过详细梳理已有研究进展，有助于国内外学者理性看待中国对外贷款对发展中国家经济增长的影响，明确中国对外贷款政策调整的方向，进而为我国推动“一带一路”高质量建设、助力发展中国家实现可持续发展目标提供事实依据和政策参考。

本章余下部分的结构安排如下：第二部分阐述了中国对外贷款对发展中国家债务可持续性影响的相关讨论；第三部分梳理了中国对外贷款对发展中国家发展可持续性影响的相关讨论；第四部分探讨了中国对外贷款的战略目标；第五部分分析了中国与发展中国家签订的债务合同条款；第六部分补充回应了中国对外贷款对发展中国家经济增长的影响；最后，第七部分总结了本章的主要研究结论。

二、中国对外贷款对发展中国家债务可持续性影响的相关讨论

有研究指出，中国向发展中国家提供的大规模债务融资，可能加重其债务负担，致使债务国债务风险上升。世界银行首席经济学家卡门·莱因哈特（Carmen Reinhart）认为，中国推动了历史和平时期官方贷款最引人注目且影响最为深远的一次增长（Reinhart，2018）。中国向发展中国家提供的资金规模远超过其他双边债权人，唯有世界银行可与之相比（Morris et al.，2020）。据估计，截至 2017 年，发展中国家和新兴市场国家来自中国的外债存量高达 3700 亿美元，远超这些国家来自巴黎俱乐部 22 个成员国的外债存量之和（约为 2460 亿美元）（Horn et al.，2020）。

与此同时，多项研究发现，发展中国家的债务风险在"一带一路"倡议提出后明显上升。Hurley 等（2018）研究表明，有 10 ~ 15 个国家可能因"一带一路"倡议面临债务困境，其中 8 个国家债务风险问题尤为突出。IMF 和世界银行债务可持续性评估（2020）结果显示，约有 50% 的低收入国家处于债务危机高风险状态或已经面临债务危机，这一比重自 2013 年以来已经翻了一番。然而，上述研究均忽略了基础设施项目融资对债务国可能带来的额外经济增长。Bandierac 和 Tsiropoulos（2020）首次将基础设施的经济影响纳入债务可持续性分析框架，但研究仍发现，在有限增长条件下，超过 50% 的债务国在"一带一路"倡议实施后债务脆弱性加剧，即便放大基础设施的经济影响，大多数国家的债务存量占 GDP 的比重在"一带一路"倡议实施后依然显著增加。基于此，部分学者提出疑问：中国对外贷款是否不利于债务国维持债务可持续性？

然而，这一负面观点并未得到国际社会的普遍认可，更多的研究从投资需求缺口、发展中国家债务风险上升的驱动因素、承诺贷款数据的局限性以及发展中国家债务问题历史演进等四个方面予以回应。

首先，中国对发展中国家贷款规模的增加源于其国内基础设施建设的资金缺口。据亚洲开发银行估计，2016 年至 2030 年间，亚洲发展中国家基础设施融资缺口达 26 万亿美元（Asian Development Bank，2017）。世界银行的研究表明，预计到 2040 年，全球基础设施投资缺口为 18 万亿美元，发展中国家对资金的需求尤为迫切（Heathcote，2017）。在重债穷国倡议（Heavily Indebted Poor Countries，HIPC）之后，巴黎俱乐部等传统债权人关注的领域从基础设施领域转移，各国转而向中国等非传统融资机构借款（Brautigam et al.，2020）。中国向发展中国家提供的资金较好地满足了其对基础设施项目建设的资金需求（Jones and Hameiri，2020）。总之，发展中国家债务问题是国内因素与外部国际环境共同作用的结果（Krueger，1987），而不应只聚焦于特定新兴债权人的作用，这也忽略了新旧债权人关系以及债权人结构复杂化的可能影响（王钊、冯凯，2024）。

其次，中国因素并非发展中国家债务风险上升的主要驱动力。以最容易受到债务风险影响的太平洋地区为例，Rajah 等（2019）研究发现，2011 年至 2017 年期间，太平洋地区国家来自中国的外债占比约为 37%，而亚洲开发银行和世界银行这两个传统债权人占该地区外债份额合计超过 53%。从新增债务走向来看，中国约有 90% 的资金流向了具备持续吸收外债能力的国家，而债务国国内经济运行不善、其他来源债务不断增加、自然灾害以及 IMF 衡量债务可持续标准的变化，推动了太平洋地区国家债务风险上升（Dayant，2019）。Eom 等（2018）和 Brautigam 等（2020）针对非洲国家的研究也得出了相似的结论。Eom 等（2018）指出，截至 2017 年，在 IMF 认定存在债务危机或濒临债务危机的非洲低收入国家中，仅有 3 个非洲国家的主要债权人是中国。由此可见，中国并不是非洲国家债务危机的主要推动者。Brautigam 等（2020）进一步证实了 Eom 等（2018）的结论，在 2020 年《债务暂停偿付倡议》（*Debt Service Suspension Initiative*，DSSI）

认定为“高风险”或“债务危机”的22个非洲国家中，中国对外贷款占其外债存量比重低于15%的国家共有12个，这些国家的债务问题在很大程度上是由其他债权人造成的。虽然中国占债务国外债存量比重超过25%的国家有7个，其中已有4个国家先后在2018年和2019年与中国进行了债务重组谈判。

再次，基于承诺贷款数据得出的研究结论，夸大了中国给发展中国家造成的债务负担。一方面，中国部分承诺贷款并未实际支付。Rajah等（2019）针对太平洋地区国家的研究表明，2011年至2018年中国对太平洋地区国家的官方承诺贷款总额为60亿美元，但2017年中国宣布的41亿美元的巴布亚新几内亚道路项目尚未启动。除去这一特定贷款，2011年至2017年中国承诺贷款总额约为17亿美元，但截至2017年底，中国仅实际支付了9.42亿美元。另一方面，承诺贷款的发放有一定的周期，在此期间债务国会偿还已有债务。Brautigam等（2020）针对非洲国家的研究表明，中国每笔贷款平均发放时间为5年，大型项目贷款的发放时间更长。在这一过程中，债务国会偿还部分从中国获得的贷款，2000年至2018年债务国未偿债务占中国承诺贷款总额的比重约为49%。

最后，发展中国家的债务风险问题是其经济发展长期积累的结果，并非在中国对外贷款之后才出现。从债务问题的历史演进来看，发展中国家先后经历了四轮债务浪潮：第一轮是20世纪80年代的拉美债务危机；第二轮是20世纪90年代的亚洲金融危机；第三轮是21世纪初期的中东欧国家过度借贷问题；第四轮则是2010年以来的非洲债务问题（Kose et al., 2021）。由此可见，在中国成为新兴债权人之前，发展中国家的债务问题就已经多次出现，其根源在于这些国家国内经济发展的潜在问题（王金强等，2021）。但事实上，中国在“一带一路”倡议影响下向发展中国家提供的债务融资，不仅不会加剧发展中国家的债务风险，反而能够通过促进就业、税收、投资增长等渠道发挥降债效应（鲍洋，2020）。陈智华和梁海剑（2020）的研究同样证明了降债效应的存在，“一带一路”共建国家的主权债务水平在“一带一路”倡议提出后并无显著增加，与此同时，其主权债务违约风险却呈现显著下降趋势（陈智华、梁海剑，2020）。

三、中国对外贷款对发展中国家发展可持续性影响的相关讨论

Acker 等（2020）指出，评估外债的影响不仅应关注债务国“债务可持续性”（即着眼于当前经济状况），还应关注“发展可持续性”（即着眼于项目未来贡献）。基于此，中国对外贷款是否存在忽视发展中国家发展可持续性的问题，成为已有研究重点关注的问题之一。在分析这一问题时，已有研究主要从融资项目经济效益、是否出于支持当地经济增长考虑以及中国对当地可持续增长关注度三个视角展开论述。具体如下：

（一）核心讨论点 1：中国海外融资项目经济效益如何

从债务国发展可持续性视角来看，第一类具有争议性的观点认为，虽然中国对外贷款正在推动发展中国家多项基础设施项目建设，但却没有考虑这些项目是否会增值。印度学者布拉马·切拉尼于 2017 年最先对中国海外融资项目质量提出疑问，例如，中国在斯里兰卡汉班托塔附近建成的机场被称为“世界上最空的机场”，巴基斯坦价值数十亿美元的瓜达尔港也基本仍处于闲置状态（Chellaney，2017）。中国在太平洋地区的基础设施项目同样受到了关注，许多项目甚至被称为“累赘”（Riordan，2018）。

Miller（2019）和 Maçães（2019）将中国海外融资项目经济效益不佳归因于中国以国有企业为投资主体、国有政策性银行为主要资金来源的对外贷款模式。Miller（2019）指出，很多中国海外融资项目的规划并不充分，

其经济价值令人担忧，此外，中国在“一带一路”倡议下开展的海外融资，并非旨在建立具有经济价值的项目，而是要为中国国有企业拓展外部市场，从而应对产能过剩问题。Maçães（2019）提出类似观点，认为中国海外融资项目是在市场交易之外签约的，参与者主要是中国国有企业、国有政策性银行和债务国政府，这种融资模式致使借贷双方并未考虑这些项目是否真正增值。

部分学者从债权人有限影响力、债务国管理水平欠佳、中国海外融资项目效果评估等视角回应了这一负面看法。首先，从债权人影响力来看，上述负面看法高估了中国通过国有企业和国有政策性银行实施“一带一路”投资计划的影响力（Caskey，2020），中国海外融资项目是中国与债务国双边协商后确定的；其次，从债务国方面来看，Rajah 等（2019）指出，债务国监督管理水平是决定投资项目质量的关键因素，如果债务国对项目管理得当，“一带一路”倡议可以为发展中国家提供高质量的基础设施；最后，从融资项目效果评估来看，Soyres 等（2019）的测算结果表明，考虑到全球总体情况，“一带一路”倡议可以显著减少 2.5% 的运输时间和 2.2% 的贸易成本。对于“一带一路”共建国家而言，上述两个指标分别上升至 3.2% 和 2.8%。

（二）核心讨论点 2：中国对外贷款是否能支持当地经济增长

从债务国发展可持续性视角来看，第二类存在争议的观点认为，中国提供海外融资的主要目的并非支持当地经济发展，而是获得自然资源或者为中国出口商品打开市场。China Power（2019）认为，“一带一路”倡议为中国带来的经济收益包括扩大出口市场、减少监管障碍、巩固人民币作为国际货币的地位，这将使世界经济的很大一部分向中国倾斜，甚至对中国经济产生依赖，进而使中国能够参与地区经济事务规则的制定。

已有研究从基础设施外部性角度提出了不同观点。LSE 和 CIMB（2018）认为，如果一国提高基础设施建设的“连通性”，相关各方都会成为赢家。这主要是因为交通基础设施建设能够有效地降低运输成本，提高信息传递效率，并增强资源整合的能力（张馨月、吴信如，2022）。基于此，交通基础设施成为促进“一带一路”共建国家间互联互通以及国际贸易增长的潜在驱动力（张鹏飞，2018；Chan，2018）。Liu 和 Tang（2018）的研究结论成为上述观点的有力佐证。Liu 和 Tang（2018）聚焦于非洲国家的研究发现，中国对外贷款不仅推动了中国向债务国出口贸易的增长，还扩大了中国从债务国进口的贸易规模，此外，由于中国对外贷款更注重实现双赢，其贸易促进效应明显高于美国。

（三）核心讨论点 3：中国对债务国可持续发展的关注度

从债务国发展可持续性视角来看，第三类存在明显争议的观点认为，中国海外融资项目忽视了发展中国家就业增长、环境保护等可持续发展问题。Chellaney（2017）将债务国普遍存在的失业问题归咎于中国出口商品冲击当地制造业、中国工程项目使用国内物资和工人两方面原因。除就业冲击外，中国对外贷款还可能引发债务国环境污染、腐败加剧或影响国家主权等问题（Parker and Cheftz，2018）。概括而言，中国对外贷款没有充分关注发展中国家的可持续发展目标（SDGs），主要涉及人力资本问题（例如体面工作与经济增长，SDG 8）、环境卫生问题（例如良好健康与福祉，SDG 3）等维度（Banik，2018）。然而，鉴于可持续发展对于维持和提升债务国还款能力的重要意义，发展可持续性才是债务可持续性的基础（Jones and Hameiri，2020）。

针对这一问题，已有研究分别基于《“一带一路”债务可持续性分析框架》的核心思想、基础设施建设的经济效应等视角做出回应。首先，中国提出的《“一带一路”债务可持续性分析框架》与 IMF 的《债务可持续性分析框架》的核心区别在于，前者充分体现了可持续发展的重要性。Morris 和 Plant（2019）指出，中国的债务可持续性分析框架认为，即使一国被评估为高债务风险国家甚至是债务危机国家，这并不意味着债务从长期来看不可持续，如果一国有可能履行其当前和未来的偿债义务，那么该国的国际债务是可持续的。由此可见，中国对发展中国家可持续发展问题给予了高度关注。其次，基础设施建设能够为发展中国家经济持续性增长提供动力。李建军和李俊成（2018）利用 RSR 和 TOPSIS 综合评价法构建了基础设施综合评价指数，并证实“一带一路”基础设施建设对提高共建国家经济总量、人均产出，降低失业率均具有显著作用。Wang（2020）的研究再次印证了上述观点，交通基础设施在促进“一带一路”共建国家经济增长方面的作用不容小觑。

四、中国对外贷款战略目标的相关讨论

债务可持续性和发展可持续性是债权国向债务国提供资金时所遵循的纲领性原则，反映了债务国秉持的发展理念。此外，中国对债务国提供大规模的资金支持究竟出于何种战略目标，也是现有研究核心讨论的问题之一。与此相关的争议点包括中国对外贷款是否出于非商业动机以及中国是否在试图“搭便车”这两个方面。

（一）核心讨论点 1：中国对外贷款是否出于非商业动机

从战略目标角度来看，第一类具有争议性的观点认为，中国向债务国提供资金并非出于商业目的，而是基于地缘政治目标和军事“走出去”等非商业动机。就地缘政治目标而言，2017 年底，布拉玛 · 切拉尼再次发表

了一篇题为《中国的债权帝国主义》（*China's Creditor Imperialism*）的文章，污蔑中国利用经济手段实现自身地缘政治目标。He（2020）同样认为，中国“一带一路”倡议下的融资项目主要由国有银行出资、由国有企业完成项目建设，软预算约束和有保证的政府纾困使得国有企业和国有银行的首要目标并非经济回报，而多是作为地缘政治项目或国家竞争项目。就军事目标而言，Kamphausen（2019）认为，中国国有企业建造的港口和机场遍布全球，其中很多项目对中国具有潜在的军事价值，中国将这些港口和机场与积累的债务联系起来，以提升中国在债务国的影响力。

然而，上述错误观点远非国际共识，更多的研究从“一带一路”项目性质、中国对外贷款的有限影响力以及债务问题政治化的动机这三个方面予以反驳。首先，“一带一路”倡议下的融资项目并非政治项目或军事项目。Jones 和 Hameiri（2020）指出，“一带一路”倡议的本质是国际经济合作倡议，中国海外融资项目在很大程度上是由债务国推动的，中国无法也不会单方面决定在“一带一路”倡议下建设哪些项目。周玉渊（2020）指出，发展中国家的债务自主意识总体上不断增强，债务的产生多取决于本国的实际发展需求，发展中国家在债务关系中并非处于弱势地位，债务关系也并非由债权国主导。其次，中国对外贷款规模不足以发挥西方学者所认为的政治或军事影响力。在太平洋国家所欠的 112 亿美元债务中，中国仅占 1/10 左右（约为 13 亿美元），鉴于这一较低的债权份额，中国对债务国的影响不应被高估（Fox and Dornan，2018）。最后，将债务问题政治化反映了西方国家在国际权力结构变化中产生的“地位焦虑”（韦宗友，2018），其目的在于继续凸显其在全球治理体系中的引领地位，分化发展中国家之间的经济合作（王金强等，2021）。总的来看，关于中国具有非商业动机的批评几乎适用于所有提供对外贷款的国家，没有理由针对中国进行特别强调（Dossani，2020）。

（二）核心讨论点 2：中国对外贷款是否存在“搭便车”行为

从战略目标角度来看，第二类存在争议的观点认为，中国在国际减债协调之中“搭便车”，借助债务减免或债务重组为发展中国家创造的财政空间进行不负责任的政府间贷款，以获得海外资源保障和经济利益。Hurley 等（2018）认为，在巴黎俱乐部条约、重债穷国倡议以及多边债务减免倡议（Multilateral Debt Relief Initiative，MDRI）的引导下，其他主要债权人耗资数十亿美元免除了偿债困难国家的部分或全部债务。在国际社会努力落实减债计划之际，中国却向这些国家提供大规模贷款以获取投资回报，这可能引发新一轮的债务积压和债务减免。

已有研究从“供给侧”（即其他债权人因素）和“需求侧”（即债务国因素）两个角度回应了批评者对中国“搭便车”行为的质疑。一方面，传统债权人主动收紧了提供给发展中国家的官方资金。Reinhart（2018）指出，在重债穷国倡议之后，部分官方债权人未恢复发放贷款，发展中国家的外部融资出现了缺口。此外，巴黎俱乐部成员的信贷投放已经从基础设施领域转向医疗、卫生、教育等社会领域，发展中国家因而开始转向中国借款（王金强等，2021）。另一方面，发展中国家外债增长很大程度上是由其国内需求因素驱动的。2008 年金融危机至新冠疫情暴发前，全球利率始终处于较低水平，发展中国家在国际资本市场低收益率、高流动性时期增加了其债务融资需求（王钊、冯凯，2024）。特别是随着发展中国家经济发展、人口增加和环境变化，其对基础设施的投资需求也将进一步增加（Bandierac and Tsiropoulos，2020）。在此背景下，中国对外贷款的增长是受到债务国需求驱动的，而且有效缓解了发展中国家基础设施建设的资金短缺问题，所谓“搭便车”的观点并不成立。

五、中国与发展中国家签订的债务合同条款的相关讨论

除上述三个宏观层面的讨论外，现有研究还从微观债务合同条款层面，评判发展中国家与中国签订的债务合同条款是否更为严苛。与此相关的争议点包括中国对外贷款信息披露是否合理、中国对外贷款优惠度是否合理以及中国抵押担保条款是否合理等三个方面。

（一）核心讨论点 1：中国对外贷款信息披露是否合理

从债务合同条款视角来看，最核心的争议性观点认为，发展中国家与中国签订的债务合同包含广泛的保密条款，限制债务国透露债务合同具体条款，以至于难以准确掌握债务国来自中国外债的实际规模。Gelpern 等（2021）将中国 100 份债务合同与其他双边、多边和商业债权人签订的同类合同进行比较，并提出发展中国家与中国签订的债务合同更有可能包含保密条款。特别是在新冠疫情大流行的国际背景下，对外贷款信息不透明使得国际社会和受疫情影响的债务国公民难以有效监测危机时期一国稀缺的资金资源使用情况（Bulow et al.，2020）。Horn 等（2020）将这一问题的成因归结为以下三方面：第一，中国尚未公布其向各债务国提供资金的具体情况。第二，中国不是巴黎俱乐部或经合组织（Organisation for Economic Co-operation and Development，OECD）债权人报告系统（Creditor Reporting System）成员，该系统会共享国际债务资金和贸易信贷流动数据。第三，商业数据提供商和信用评级机构仅专注于私人银行贷款和债券发行。但事实上，保密条款属于国际市场常规条款，与贷款市场协会（Loan Market Association，LMA）等框架文本基本一致，且当地国家法律要求公开的信息明确被排除在保密范围之外（李一君，2021）。

与债务信息不透明密切相关的另一争议性话题是“隐性债务”问题。“隐性债务”（Hidden Debt）最先由 Carmen Reinhart 于 2015 年提出。Reinhart

（2015）认为，中国向发展中国家提供的部分资金未向IMF和世界银行报告，即存在隐性债务。隐性债务的产生与中国循环贷款策略密切相关。对于高风险债务国，为了避免债务国滥用资金，中国国有政策性银行通常不会将资金转移到债务国政府控制的账户中，而是直接发放给在海外实施建设项目的中国承包商。在此情况下，这部分资金仍留在我国金融体系内，没有上报为跨境资本流动，进而导致中国对外贷款数据不完整。但是，这部分贷款仍然是债务国欠中国的官方债务。Horn等（2019）基于1949—2017年中国向152个发展中国家或新兴国家提供的1974笔贷款和2947笔赠款数据进行测算发现，中国提供给发展中国家的对外贷款，至少有50%没有向IMF和世界银行报告。这一数字仅是隐性债务的下限估计值，隐性债务的存在扭曲了债务国债务风险评估结果。尤其是在新冠疫情后，有些债权人为推卸债务减免等国际责任，突出强调中国贷款透明度问题，声称“中国隐性债权”干扰了其他债权人对疫情次生债务困境的及时应对与国际协调。

隐性债务问题引起IMF的高度关注。IMF（2020）指出了Horn等（2019）估计方法存在的两个关键问题。第一，隐性债务的估算是基于调整后的中国承诺贷款数据而非实际支付的债务数据，这可能会严重高估隐性债务。第二，将债务国全部债务都归为主权债务可能不准确，“一带一路”共建国家欠中国的债务也可能不属于政府担保债务。基于上述两方面原因，隐性债务实际规模可能很小。

Horn等（2020）回应了IMF的质疑。尽管使用了承诺贷款数据，但他们排除了一些“问题交易”，包括取消的项目、处于承诺阶段的项目以及缺乏详细贷款信息的项目。Horn等（2019）统计的贷款规模均低于中国人民银行、中国国家开发银行、世界银行等官方数据以及其他研究人员和政策机构的估计。因此，隐性债务下限值不仅成立，而且属于保守估计。

（二）核心讨论点 2：中国对外贷款优惠度是否合理

从债务合同条款视角来看，第二类争议性观点指出，中国提供的优惠贷款比重低于传统官方债权人，且融资条款不如传统官方债权人优惠。具体如下：

在优惠贷款比重方面，对于低收入国家而言，获得优惠贷款是同时实现债务可持续和经济发展目标的关键（Hurley et al.，2018）。然而，Pryke（2018）认为，中国通常以提供低息或优惠贷款的方式参与发展中国家大型基础设施项目，但中国提供的贷款必须偿还，而传统援助国通常提供不需要偿还的单向赠款。据欧洲国际承包商统计，2016 年，国际复兴开发银行和国际开发协会承诺向非洲提供 93.5 亿美元，其中 87 亿美元为优惠贷款（European International Contractors，2018）。

在融资条款方面，债权人以优惠条件（低利率、长期限和长宽限期）提供融资，这有利于降低债务国发生债务危机的可能性（Morris et al.，2020）。不过，Morris 等（2020）的研究发现，与世界银行相比，中国对外贷款优惠度相对较低。从贷款利率来看，中国优惠贷款利率为 2%，比世界银行 1.54% 的优惠贷款利率高出 0.46 个百分点。从贷款期限来看，中国对外优惠贷款期限为 20 年，其中包括 5 年宽限期，相比之下，世界银行贷款期限和宽限期更长，分别为 40 年和 10 年。对于非优惠贷款，中国对外贷款利率比世界银行高出约 0.95 个百分点，并要求额外提供保证金。

然而，已有研究依据官方发展援助判断标准、中国和债务国国内融资成本对比这两个方面，对中国对外贷款优惠度不足的问题提出了不同观点。具体原因如下：

一方面，中国多数对外贷款符合官方发展援助的定义。根据 IMF（2015）的定义，如果官方贷款中赠款部分不低于 35%（贴现率以 5% 计算），则可以认定为官方发展援助。Rajah 等（2019）逐笔统计了中国进出口银行

15 ~ 20 年期的优惠贷款，发现赠款占比为 48% ~ 56%，满足 IMF 对官方发展援助的定义。此外，债务国在制定借贷条款方面处于主导地位，大多数国家都有旨在保护本国债务可持续性的框架，尽管这些框架的运作效率存在差异。

另一方面，中国对外贷款条件优于债务国国内市场融资条件。Rajah 等（2019）指出，中国对太平洋国家 97% 的官方贷款是中国进出口银行以优惠贷款形式提供的（即贷款利率为 2%），相比之下，斐济国内长期贷款成本约为 6%，巴布亚新几内亚为 11%。更重要的是，亚太地区名义 GDP 增速通常远高于中国 2% 的优惠贷款利率，这意味着即使增长缓慢的太平洋国家，也可能通过经济增长偿还从中国借入的贷款。在非洲地区，根据 IMF（2014）预测，撒哈拉以南非洲地区经济将继续以 5.5% 的速度增长。虽然新冠疫情导致非洲依赖旅游业或需求低迷商品出口国家的经济增长下滑，但并非所有国家都资不抵债（Brautigam et al.，2020）。

（三）核心讨论点 3：中国抵押担保条款是否合理

从债务合同条款视角来看，第三类具有争议的观点指出，发展中国家与中国签订的债务合同通常附带抵押担保条款，该条款要求债务国以某项资产或未来收入流作为担保，以提高自身在债务处置过程中的偿付优先级。2017 年汉班托塔港案例更是引发了海外机构、媒体和学者对中国抵押贷款的担忧。2020 年 5 月，《纽约时报》一篇文章称，中国将债务国港口、矿山或宝石作为抵押（Abi-Habib and Bradsher，2020）。尤其当债务国为低收入国家、中等收入国家或新兴市场国家时，中国更普遍地采用抵押担保条款（Horn et al.，2020）。

他们认为，中国抵押担保条款不仅会对发展中国家经济增长产生负面影响，而且可能损害其他债权人利益。一方面，抵押贷款可能会持续减少债务国未来收入。资源担保贷款是中国抵押担保条款的常见形式，其还款担保是以未来应收账款（如出口商品未来收入）为担保（Brautigam et al.，2020）。在与中国谈判时，拥有丰富自然资源或重要战略基础设施的国家，最容易失去对重要资产的控制权（Moody，2018）。因此，抵押贷款会减少债务国未来现金流入，进而加剧了抵押贷款对发展中国家经济增长的负面影响（Horn et al.，2020）。另一方面，在债务国发生债务危机时，双边官方债权人的清偿顺序通常排在最后，然而，中国的抵押担保条款很可能使中国获得优先偿债权（Reinhart，2018）。此外，中国还在贷款合同中加入了指定资金托管账户、非巴黎俱乐部等特殊条款，这些旨在提高偿付优先级的条款对其他债权人的利益是一种损害（Gelpern et al.，2021）。

已有研究从汉班托塔港案例的特殊性、抵押担保条款对中国的潜在风险以及抵押担保方式的普遍适用性等三个方面进行了回应。首先，基于汉班托塔港案例的质疑，是批评者对个案的误解。Kratz 等（2019）通过梳理中国与债务国的债务重谈案例发现，尽管中国经济实力较强，但多数债务重谈的结果却更有利于债务国，与汉班托塔港案例类似的“资产扣押”事件极为罕见。相反，中国会尝试根据各国经济状况和项目实际情况量身定制解决方案，逐一解决债务问题（Acker et al.，2020）。斯里兰卡采取给予中方 99 年特许经营权的方式解决债务问题，这也体现了斯里兰卡对中斯合作共赢前景的高度信任。其次，担保条款同样会给中国带来潜在风险。商品或自然资源出口担保条款并非为了锁定自然资源，而是降低向欠发达国家和国内环境不稳定国家的放贷风险（Brautigam and Jyhjong，2016）。如果抵押品是债务融资项目的未来应收账款，一旦项目失败，中国就成为项目风险的共担者（IMF，2020），从而使得国际债务对债权人的潜在负面影响内生化（IMF and World Bank，2020）。最后，以“抵押贷款”为由质疑中国对外贷款条款的合理性，是对中国对外贷款模式的误读。事实上，在主权借贷过程中要求对贷款进行担保是一种普遍的债务风险控制方式，这种还款模式也并非由中国首创（王金强等，2021）。

六、中国对外贷款对发展中国家经济增长影响的进一步辨析

前文详细梳理了国内外学者和机构关于中国对外贷款对发展中国家经济增长影响的核心争议与回应观点。然而，现有的讨论并未充分考虑中国这一新兴债权人的特殊性，且存在有待补充之处，因此，本章认为有必要结合中国国情，对现有核心争议做出进一步澄清。本章首先概括性地解释争议产生的根源，进而针对“中国对外贷款削弱债务国债务可持续性”“商业利益渗透”“债务信息不透明”以及“贷款优惠度不足”等核心争议，做出补充回应。

（一）中外发展理念差异是争议产生的根源

中国对外贷款对发展中国家经济增长影响问题的争议源于中外发展理念的差异，国际社会普遍侧重于关注债务国债务可持续性，而我国则强调债务国发展可持续性的重要性。2005 年，IMF 和世界银行联合提出了《低收入国家债务可持续性分析框架》（LIC-DSF）。经过多次修订和完善，LIC-DSF 成为目前国际上最为完善且应用广泛的主权债务风险评估工具。在该框架下，一国主权债务是否可持续，取决于债务负担指标在不同经济场景下的预测轨迹是否超出预先设定的警戒阈值。该方法要求债务国在其发展路径的每个时点上，国内资源都应满足外部偿债要求，却忽视了一国长期的国家发展战略。在借鉴 LIC-DSF 的基础上，中国财政部于 2019 年 4 月发布了《“一带一路”债务可持续性分析框架》。虽然该框架与 LIC-DSF 在很多方面非常相似，但两者存在重要区别。这主要体现在：在我国债务可持

续性分析框架下，债务风险并非债务国继续借款的障碍。如果一国增加的债务主要流向生产领域，生产性投资虽在短期提高债务负担水平，但能带来更高的经济增长率，并随着时间推移逐步降低债务负担水平。总而言之，正是由于发展理念不同，中国和国际社会在审视债务国主权债务可持续性问题时产生了观点分歧。

从现实情况来看，发展中国家实现可持续发展目标面临着巨大的投资缺口。联合国 2030 年可持续发展目标旨在推动各国转向可持续发展道路，解决社会、经济和环境三个维度的发展问题。然而，根据联合国贸发会议估算，发展中国家每年为实现可持续发展目标所需的投资缺口约为 2.5 万亿美元。在此背景下，中国向发展中国家提供的资金支持，在推动其实现可持续发展目标方面发挥着不可替代的作用。此外，中国国有部门是耐心资本的持有者，它们有更强的风险承受能力，更适合为基础设施建设提供融资。所谓耐心资本，是一种超长期资本，类似于天使投资人对创新想法的投资，或股权投资人入股一方的发展，从而成为相关利益者。耐心资本偿还期通常超过 10 年，且风险承担能力更强（Gallagher and Wang，2020）。因此，在发展可持续性理念的指导下，中国对外贷款不仅顺应了国际社会的主流发展理念，同时也符合债务国的长远利益。

（二）中国对外贷款冲击债务国债务可持续性缺乏理论与现实依据

1. 中国对外贷款不满足“债务陷阱”判断标准

如果中国对外贷款导致发展中国家债务可持续性恶化，推行所谓的“债务陷阱”策略，应同时满足以下四个标准（Dayant，2019）：第一，中国对外贷款导致该地区债务风险上升，各债务国更难以履行其偿债义务。第二，中国是债务国的主要债权人或新增贷款的主要来源。第三，债务国从中国贷款的成本显著高于其他官方债权人。第四，中国对外贷款向高债务风险国家倾斜。然而，从债务风险成因来看，发展中国家债务风险上升主要源于债务国经济运行不善、政治动荡、自然灾害频发等国内因素。从债务规模来看，中国并非发展中国家的主要债权人，世界银行等传统债权人的债权份额依旧占据主导地位。从新增贷款流向来看，中国约有 90% 的对外贷款发放给了有能力持续吸收此类债务的国家。因此，中国对外贷款并不会导致债务国陷入债务不可持续的境地，“债务陷阱”观点缺乏事实依据。

2. 债务可持续性的定义与衡量指标存在争议

从衡量指标来看，外债存量占 GDP 比率是衡量一国债务负担状况最常用的指标，且被纳入 IMF 债务可持续性分析框架。然而，该指标存在多方面的不足之处。具体原因如下：

（1）流量指标与存量指标可比性视角的分析。Furman 和 Summers（2020）从流量指标与存量指标可比性视角，指出外债存量占 GDP 比率衡量一国债务水平存在三个方面的不足。第一，该指标忽略了债务会随时间逐步被偿还的事实。外债是存量数据，而 GDP 是流量数据。从存量—存量的角度考察债务水平，应比较外债和未来 GDP 现值。第二，该指标忽略了利率的影响。如前文所述，从存量—存量视角的计算应基于无限期内的 GDP 现值。但是，在计算 GDP 现值时，需要知晓不确定的未来利率水平。与之相反，流量—流量观点则着眼于当期债务利息成本与当期收入的关系，因此为分析一国债务负担水平提供了可参考的视角。第三，该指标是一个后观（Backward-looking）的概念。公共债务实际上是一国累计的赤字总和，但它无法反映未来政策变动，也没有考虑债务国未来通过增税或削减支出引起的偿债能力变化。从流量—流量视角选取实际利息支出占 GDP 比率，是衡量一国债务负担水平较为合理的指标。

（2）债务用途视角的分析。Gallagher 和 Wang（2020）从债务用途视角指出，债务存量占 GDP 比率这一指标忽略了公共部门资产负债表的资产端，以及债务是用于消费还是投资。基于此，公共部门净资产负债表是更为全面衡量债务可持续性的标准，这也会鼓励公共部门投资于资产类项目。已建成的基础设施项目作为公共资产，反映了债务国创造就业、增加政府收入、促进经济增长的空间，因而为应对债务负担提供了一个强有力的缓冲。

（3）现有指标体系不能充分反映中国对外贷款促进发展中国家债务可持续性的重要特征。中国作为新兴债权国，与传统债权国相比，在融资结构、贷款优惠度、债务用途以及发展理念等方面均存在巨大差异。与发达国家和多边机构相比，中国在提供对外贷款方面存在两大劣势：一是自身融资成本高，因此导致整体贷款的优惠度低，对债务国而言，偿债负担更大；二是投融资规则不够清晰，债务管理机制还不完备，在风险防控方面还有很大的进步空间。但是，中国对外贷款也具有三大显著优势：一是资金规模庞大，能够有效地填补发展中国家融资缺口；二是生产性债务占比高，中国对外贷款多投向基础设施建设和其他有助于提高债务国生产能力的领域；三是资金流稳定，顺周期性弱，在债务国经济下行阶段不会像私人资本一样出现可能引发债务危机的短期大规模外流。这些都是有利于促进债务国债务可持续性的重要特征。

总而言之，外债存量占 GDP 比率这一指标难以很好地衡量一国债务可持续性，基于现有债务可持续性衡量指标和分析框架得到的研究结论，可能高估发展中国家债务风险及中国对外贷款的作用，未来应加以完善和改进。

3. 中国致力于降低受新冠疫情严重冲击国家的债务风险

突如其来的新冠疫情加剧了发展中国家的债务风险，中国采取延期偿付、债务减免等多种措施帮助发展中国家减轻债务负担。2020 年 4 月，二十国集团（G20）发布《债务暂停偿付倡议》（DSSI），暂缓 73 个最贫穷国家的债务偿还，以确保其能够集中资金应对新冠疫情引发的经济和社会负面影响。2020 年，G20 国家暂停偿付的官方债务总额约为 53 亿美元，其中欠中国的债务约为 19 亿美元，占比已超过 1/3（Oxford Business Group，2020），这表明中国在 DSSI 框架中发挥着非常重要的作用。除在 DSSI 框架下的延期偿付外，中国在帮助债务国应对新冠疫情引发的债务风险方面付出了更大努力。荣鼎集团的一项研究表明，新冠疫情之后，中国积极地与债务国进行债务重谈，2020 年，中国至少与 18 个债务国进行了债务重谈，涉及总金额约为 280 亿美元，延期偿付是中国解决债务国债务问题的首选解决方案（Kratz et al.，2020）。延期偿付是一项强有力的应对措施，能够给发展中国家带来切实的好处，特别是对缺少财力应对新冠疫情危机的国家尤为重要（World Bank，2021）。除延期偿付外，中国也是新冠疫情暴发以来，首个主动免除债务国到期债务的国家，这体现了中国在全球主权债务治理中的积极立场（王金强等，2021）。2020 年 6 月，国家主席习近平在中非团结抗疫特别峰会上宣布，中方将在中非合作论坛框架下，免除有关非洲国家截至 2020 年底到期的对华无息贷款债务。之后，中国又相继宣布免除 2021 年底到期的非洲 17 个国家对中国的 23 笔无息贷款债务，充分彰显了中国在全球债务治理中的积极态度。

（三）中国并非出于商业利益渗透目的

1. “促贸援助”是基于南南合作特点而采取的独特融资模式

南南合作是发展中国家在平等互信、互利共赢、团结互助基础上开展的多边合作，也是中国开展国际发展合作的基本定位。基于此，中国在向发展中国家提供资金支持时，往往将其与国际贸易、国际投资等方式相结合，以期通过对外贷款促进中国与债务国在贸易、投资领域的国际合作，进而助力债务国实现发展目标，即采取“促贸援助”（Aid for Trade）的方式。例如，为了集中资源加大对共建“一带一路”的融资支持力度，我国设立了“一带一路”专项贷款。截至 2023 年 9 月末，共建“一带一路”专项贷款已累计实现合同签约 5333 亿元，累计发放贷款 4915 亿元。在专项贷款支持下，印度尼西亚雅万高铁、尼日利亚莱基深水港、柬埔寨暹粒机场等一批基础设施、产能合作等领域的项目取得重要进展。发展中国家基础设施的改善的确会推动中国向“一带一路”共建国家的出口增长，但这只是基础设施改善带来的次生效应，并非中国对外贷款的首要目标。

中国“促贸援助”旨在通过经贸合作推动中国与其他发展中国家互利共赢、共同发展。不同于单向性的援助与受援关系，这一融资模式充分考虑到中国仍为发展中国家的经济发展现状，也有助于发展中国家之间实现长期、可持续的发展合作。事实证明，这一融资模式有效促进了债务国经济社会发展，有助于发展中国家向中国乃至全球出口贸易增长。

2. 资源融资型基础设施项目符合两国的比较优势

国际贸易理论认为，国家间对外贸易模式取决于各国比较优势。国家间生产技术的相对差别导致生产成本的差异，各国应根据“两利相权取其重，两弊相权取其轻”的原则，集中生产并出口其具有“比较优势”的产品，进口其具有“比较劣势”的产品。发展中国家出口石油、矿石等初级产品是充分发挥其比较优势，以资源出口融入国际市场的重要方式。中国对外贷款并不存在“资源掠夺”的问题，而是以市场价格从发展中国家进口自然资源。部分贷款采取的资源担保模式也充分考虑了当地的资源禀赋，基于比较优势提供优惠贷款，并将贷款作为贸易的引擎，开展互惠互利的国际贸易。此外，中国资助和完成的项目还解决了一些发展中国家的经济转型瓶颈。中国对相关项目提供的贷款不仅形成了债务，同时也形成了公共部门资产，这是经济发展的基础。资源融资型的基础设施项目充分考虑了发展中国家的比较优势或资源禀赋，将对外贷款与贸易、投资等相结合，使双方都能获得收益。Lin 和 Wang（2020）甄别了 54 个非洲国家的经济瓶颈，发现在 2000—2014 年实施的 214 个硬基础设施项目中，有 78% 的项目在中国资助下解决了经济瓶颈问题。已完成的 214 个硬基础设施项目包括水利（26 个）、能源（52 个）、交通（80 个）和通信（56 个）。这些项目主要是公共物品（74%），涵盖电力、水和卫生设施、港口、机场、高速公路和铁路，以及半公共物品（26%）即电信。

（四）中国提高对外贷款信息透明度的努力

债务可持续性问题和信息不透明问题是国际社会对中国对外贷款的两大核心争议。尽管针对债务可持续性问题的批评有失科学客观，但完善债务信息应成为中国未来的努力方向。目前，中国对此已经做出诸多改进。例如，2017 年，我国在第一届“一带一路”国际合作高峰论坛上提出《“一带一路”融资指导原则》，旨在倡导构建透明、友好、非歧视且可预见的融资环境。2019 年 4 月 25 日，在第二届“一带一路”国际合作高峰论坛资金融通分论坛期间，中国财政部与新西兰、俄罗斯、巴基斯坦、沙特阿拉伯、蒙古国、越南、老挝、尼泊尔和叙利亚等 9 个国家的会计准则制定机构共同发起《“一带一路”国家关于加强会计准则合作的倡议》。这是“一带一路”国家首次就会计准则交流合作而发起的多边合作倡议性文件，对从会计准则交流合作方面促进“一带一路”高质量发展具有重要意义。2020 年，中国向 IDS 数据库报告发展中国家来自中国的外债数据，这也是中国在公开债务信息方面做出的有益调整。

（五）贷款优惠度应在债务可持续性和融资可持续性之间取得平衡

在同等条件下，中国的对外贷款条件虽然不如世界银行优惠，但却优于债务国市场上的商业贷款条件，也就是说，中国对外贷款条件介于优惠贷款和商业贷款之间。虽然提高贷款优惠度有助于减轻债务国还款压力，然而过于优惠的贷款条件将难以确保债权国的经济收益，进而削弱债权国的对外贷款动力。重债穷国倡议后传统债权人的退出可以在一定程度上印证这一观点。事实上，债务可持续性和融资可持续性难以同时实现。一方面，对外贷款优惠力度越大，债务国债务可持续性越高，但债权国融资可持续性越低；另一方面，对外贷款优惠力度越小，债权国融资可持续性越高，但债务国债务可持续性越低。因此，对外贷款优惠度是债务可持续性和融资可持续性之间的一种权衡。国际社会部分学者片面强调中国对外贷款优惠力度不足，但这种观点忽视了融资可持续性。此外，即使暂不考虑融资可持续性问题，片面强调中国对外贷款优惠度不足，也忽视了不同债权国融资成本的差异。与传统双边债权人相比，中国金融市场发展水平仍有待提高，中国金融机构在运营过程中需要支付的员工薪酬、技术投入、风险管理等成本也相对较高。

七、本章小结

（一）主要研究结论

由于部分发展中国家主权债务风险加剧以及“债务陷阱”等错误观点的误导，发展中国家之间的债务融资合作面临着严峻挑战。为了能够清晰地认识中国对外贷款的实际情况，澄清国际相关负面舆论，本章系统性地梳理并评述了中国对外贷款对发展中国家经济发展影响的研究文献，并得到以下四点核心结论：

首先，部分学者认为“中国对外贷款恶化债务国债务可持续性”的观点缺乏科学依据。这一争议一方面源于中外发展融资理念的差异，少数研究过度关注发展中国家短期债务可持续性问题，却忽略了发展中国家通过长期经济发展化解债务问题的重要性。另一方面，现有债务可持续性指标和分析框架有待完善，容易夸大发展中国家外债风险以及中国对外贷款的作用。

其次，部分学者认为“中国对外贷款忽视债务国发展可持续性”的观点是有失客观的错误看法。发展中国家实现发展可持续性目标面临着巨大的资金缺口。中国对发展中国家基础设施建设的融资支持，不仅顺应发展可持续性理念，还能帮助其克服发展瓶颈，实现长期经济发展。

再次，部分学者认为“中国对外贷款出于地缘政治或军事战略目标”，这种观点缺乏令人信服的事实根据。国际社会关于中国对外贷款动因的争议主要源于大国之间的战略博弈，反映了西方国家对“中国崛起”的担忧。“一带一路”倡议在本质上是国际经济合作的倡议，具体投资项目由我国和债务国协商确定。中国依托“一带一路”倡议向世界提供了重要公共产品，有利于实现国家间合作共赢。

最后，有观点指出，债务国与中国签订的贷款合同条款存在贷款优惠力度不足、债务信息不透明等问题。针对这些问题，中国已做出诸多努力，但仍有进一步改进的空间。关于贷款优惠度不足的观点不仅忽视了债务可持续性与融资可持续性之间的平衡，也没有考虑到不同债权人融资成本的差异。目前，债务信息不透明是中国未来有待改进之处，不过我国已经从加强国家间会计准则交流合作、强化债务信息汇报等方面采取诸多措施予以改进。

总的来说，已有研究从债务国债务可持续性、债务国发展可持续性、中国对外贷款动因以及中国对外贷款条款四个维度，详细探讨了中国对外贷款对发展中国家经济发展的影响。但是，上述研究多采用定性研究方法进行分析与总结，尽管已经证实“债务陷阱”这一错误观点并非国际共识，但对这一问题的研究仍缺乏客观严谨的理论推导和实证检验。因此，亟须采用科学方法准确评估中国对外贷款对发展中国家经济发展的影响，从而为回应国际舆论提供经验证据。本书将在其后章节采用国家层面面板数据进行实证研究。

（二）政策建议

自 2013 年“一带一路”倡议提出以来，经过中国与共建国家的共同努力，“一带一路”建设已从理念转化为行动，从愿景转变为现实，并逐步向高质量、高标准、高水平发展。当然，如同其他国际合作倡议一样，“一带一路”倡议在实施过程中也会面临诸多挑战，“债务陷阱”等负面国际舆论的出现便是其中一个重要体现。本章通过深入剖析中国对外贷款对发展中国家经济增长影响的核心争议点，以期为我国推进共建“一带一路”高质量发展提供政策参考。

基于上述研究结论，本章提出如下政策建议：首先，“一带一路”建设的未来方向应是构建一个资金来源多元化、利益风险共担的机制，加强构建中国与债务国之间、中国与传统债权国之间合作协调机制和债务国主权债务风险预警机制。其次，“一带一路”项目融资应逐步向商业化转变，按照商业化运营模式，加大企业员工“本土化”和采购“本土化”的力度，为当地创造就业岗位，支持当地产业发展。再次，我国主权贷款管理制度改革的重点方向是提高贷款信息透明度，以消除国际社会对中国主权贷款的疑虑。最后，国际社会有关“一带一路”项目存在负面政治含义或军事色彩的观点，可能导致一些国家持观望和质疑态度，战略互信不足会增加“一带一路”项目投资的政治风险，未来应针对这一问题给予积极澄清与回应。

第 3 章

发展中国家国际债务发展的特征事实

一、引言

充足稳定的资金支持是发展中国家实现可持续发展目标的关键。然而，巨大的资金缺口导致发展中国家融资需求持续增长。以对经济结构性发展具有关键作用的基础设施领域为例，根据二十国集团全球基础设施中心的预测，到2040年，全球基础设施投资需求将累计达93.9万亿美元，资金缺口为14.9万亿美元，相当于存在16%的基础设施投资赤字。要缩小全球基础设施投资缺口，需将每年基础设施投资占全球GDP的比重从目前的3.0%增加到3.5%（中国国际知识发展中心，2023）。随着国际资本市场逐步开放，发展中国家逐渐拓展其传统的资金来源，转向国际市场寻求融资渠道，其外债规模也随之增加（World Bank，2019）。然而，当前全球多重挑战并存，特别是新冠疫情的冲击，迫使世界各国投入了大量财政资源，导致发展中国家外部融资需求持续增加。一方面，发展中国家不仅遭受了外部冲击，还因疫情传播和防控措施导致其国内经济下滑；另一方面，与发达国家相比，发展中国家的政府资源有限且制度相对不完善，这限制了其支持、稳定国内经济发展的能力（Gurara et al.，2020）。当前，全球正经历新一波主权债务危机，发展中国家为了偿还债务，不得不减少其在健康、教育和社会保障等领域的支出，这给许多发展中国家可持续发展与居民福利改善带来了一定的冲击，也使世界经济面临诸多不确定因素。一旦出现债务违约问题，可能会导致全球金融市场波动和经济放缓。在此背景下，全面厘清发展中国家国际债务的历史演变及其最新特点，不仅有助于加深对国际债务问题的认识与理解，也为有效应对国际债务问题夯实了数据基础。因此，系统梳理发展中国家外债问题具有重要的现实紧迫性和参考价值。

中国在解决全球债务问题方面发挥着日益重要的建设性、引导性作用。在过去的几十年间，中国经济一直保持较高水平增长，持续的对外贸易顺差为中国积累了充足的外汇储备，从而为中国提供对外贷款奠定了重要基础。根据国家统计局公布的数据，中国净出口总额从 1990 年的 85.50 亿美元增长到 2023 年的 8232.20 亿美元，在过去 30 多年间增长了近百倍。自 1993 年以来，中国已经连续 30 年处于对外贸易顺差状态。外汇储备的持续积累为中国参与国际发展合作提供了重要依托，多个国际机构发布的统计数据显示，中国已经成为全球重要的债权国之一。根据美国财政部统计，截至 2023 年 10 月，在美国国债的外国投资者中，第一大持有者是日本（10982 亿美元，较上年末上升 2.1%），占外国投资者持有美国国债的 14.5%；第二大持有者是中国（7696 亿美元，较上年末下降 11.2%），占外国投资者持有美国国债的 10.2%。根据世界银行的数据，截至 2022 年，中国对中低收入国家的海外债权存量达到了 1821.55 亿美元，中国成为其最大的双边债权国。此外，发展作为解决中低收入国家债务问题的根本途径，这更凸显了中国的重要作用。随着中国经济持续回升、高质量发展扎实推进，2023 年中国国内生产总值同比增长 5.2%，增速在全球主要经济体中保持领先地位。中国对全球经济增长贡献率为 32%，远超第二位的印度（15%）和第三位的美国（11%），中国仍是全球经济增长的最强引擎[①]。因此，在探讨发展中国家外债问题时，应特别关注中国对外贷款的基本情况，这对于有效地应对全球债务风险至关重要。

此外，国际社会对中国对外贷款规模、资金流向以及贷款优惠度等问题尚未达成共识。本书将在第 3 章提炼已有研究对中国对外贷款问题的核心关注点，并详细梳理不同学者的观点。在此背景下，多视角总结中国对

① 新华社 . 2023 年中国经济“成绩单”成色十足 [EB/OL].（2024−10−01）[2025−01−14]. https://www.gov.cn/yaowen/liebiao/202403/content_6936935.htm.

外贷款的特征事实，对于全面、清晰地认识中国对外贷款基本情况是十分必要的。基于此，本章依据IDS数据库和加拿大银行－英格兰银行主权债务违约数据库（BoC-BoE Sovereign Default Database）的详细数据，分别从全球视角和中国视角探讨国际债务的历史演变及其新特点，并归纳总结国际债务问题面临的突出挑战及其应对策略，以期为更好地了解国际债务问题提供数据支持和资料参考。

本章余下部分的安排如下：第二部分从全球视角分析发展中国家国际债务的发展历程与特征事实；第三部分从中国视角考察中国对外贷款的发展历程与特征事实；第四部分有针对性地分析非洲国家国际债务的发展历程与特征事实；最后在第五部分总结本章主要结论。

二、发展中国家国际债务的发展历程与特征事实①

（一）发展中国家外债规模的基本情况

1. 发展中国家外债存量的总体情况

图3-1统计了1970—2022年发展中国家外债存量的总体情况。总的来看，在过去的50多年间，发展中国家外债规模呈现出以下三个特点：

首先，发展中国家外债存量迅速增长，这一增长趋势在2000年以后表现得尤为突出。据世界银行统计，1970年发展中国家外债存量约为645.89亿美元，到2022年，这一存量增长至8.97万亿美元，50多年间增长了130

① 世界银行将世界各经济体分为低收入国家、中等偏下收入国家、中等偏上收入国家和高收入国家四组。通常，中、低收入国家被称为发展中国家，高收入国家被称为发达国家。

多倍。从变化趋势来看，1970 年以来，发展中国家外债存量总体保持增长态势，特别是在 2000 年以后表现得尤为显著。自 2002 年起，其同比增长基本超过 2000 亿美元，而在此之前，多数年份同比增长不足 1000 亿美元。

其次，尽管 2000 年以后外债存量显著增长，但发展中国家外债存量占国民生产总值（Gross National Income，GNI）的比重（即外债负担率）并未显著增加，发展中国家外债存量的增长与其经济发展水平基本匹配。1999 年以前，随着外债存量增长，发展中国家外债负担率明显上升，并在 1999 年达到峰值 39.69%。然而，自 2000 年之后，发展中国家外债存量显著上升，但由于发展中国家经济发展水平提升迅速，外债负担率反而出现下降趋势，在 25% ~ 35% 这一区间范围内波动，但仍高于 20% 这一外债负担率的国际警戒线。根据世界银行的数据，受到亚洲金融危机等因素影响，1999 年发展中国家国内生产总值相较 1998 年大幅下滑 2033.79 亿美元。2000 年以后，发展中国家经济逐步复苏并迅速增长，多数年份 GDP 同比增长超过 1 万亿美元，明显高于外债存量增长规模，进而导致发展中国家外债负担率的下降。

最后，在亚洲金融危机和新冠疫情等全球性冲击的影响下，发展中国家外债负担率在 1999 年和 2020 年出现两个峰值，但很快又恢复到冲击前水平，并未引起发展中国家外债负担率的持续性上涨。此外，两个峰值的出现，初步印证了全球经济稳定对于降低国际债务风险的重要作用。

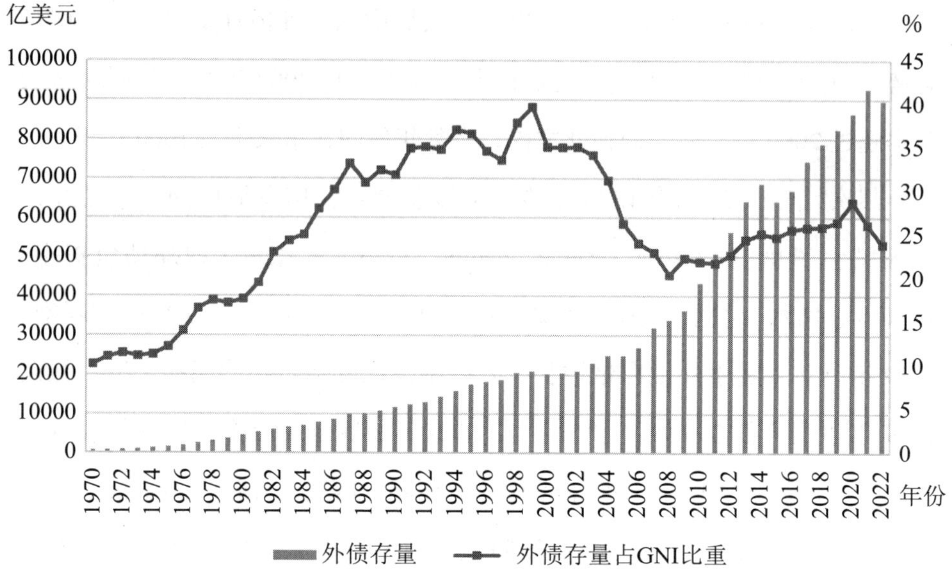

图 3-1　1970—2022 年发展中国家外债存量情况

资料来源：IDS 数据库，并经作者计算而得。若无特殊说明，以下表格均同。

2. 不同收入水平的发展中国家外债情况比较

世界银行按照发展中国家收入水平，将其细分为低收入国家（Low Income Countries）、中等偏下收入国家（Middle-low Income Countries）和中等偏上收入国家（Middle-high Income Countries）三类。表 3-1 进一步统计了上述三类国家外债的基本情况。总的来看，不同收入水平发展中国家外债规模存在以下三点主要差异：

首先，从外债存量的国家分布来看，发展中国家外债存量主要集中于中等偏上收入国家，而低收入国家吸收的外债存量占比十分有限。自 1970 年以来，中等偏上收入国家占发展中国家外债存量的比重基本维持在 60% ~ 70%，中等偏下收入国家次之，其占比为 20% ~ 35%。相比之下，低收入国家占发展中国家外债存量的比重不足 1/10。

其次，从外债存量的变化趋势来看，中等偏上收入国家占发展中国家外债存量的比重大致呈逐年上升趋势，而低收入国家和中等偏下收入国家占比均有不同程度的下滑。在过去的 50 多年间，中、低收入国家外债存量均大致呈现增长态势，但增长幅度存在明显差异。其中，中等偏上收入国家外债存量的规模增长最为明显，从 1970 年的 369.44 亿美元增长至 2022 年的 6.39 万亿美元，50 多年间增长了 170 多倍，其占发展中国家外债存量的比重也由 1970 年的 57.20% 增长至 2022 年的 71.30%，并在 2014 年达到峰值 77.12%。与此不同的是，低收入国家外债存量增幅相对较小，这也导致低收入国家占发展中国家外债存量的比重从 1970 年的 4.24% 下降至 2022 年的 2.47%，而这一下滑趋势在中等偏下收入国家表现得最为明显。中等偏下收入国家占发展中国家外债存量的比重由 1970 年的 38.55% 大幅下降至 2022 年的 26.23%。

最后，从外债负担率（外债存量占 GNI 比重）的情况对比来看，低收入国家外债负担率实现了较大幅度的降低，但仍明显高于中等收入国家。2022 年，低收入国家外债负担率为 44.73%，相较 1985 年下降了约 12 个百分点，但仍明显高于同期的中等偏下收入国家（29.17%）和中等偏上收入国家（22.07%），成为发展中国家外债风险问题应重点关注的国家。此外，1970—2022 年，两类中等收入国家外债负担率均大致增长了近 14 个百分点，且在绝大多数年份均高于 20% 这一国际警戒线，上述指标均表明中等收入国家的外债风险问题同样不容忽视。

表 3-1　1970—2022 年各收入水平发展中国家外债存量的总体情况

年份	外债存量 / 亿美元			外债存量占 GNI 比重 / %		
	低收入国家	中等偏下收入国家	中等偏上收入国家	低收入国家	中等偏下收入国家	中等偏上收入国家
1970	27.43	249.02	369.44	—	15.41	8.00
1975	81.45	553.00	971.63	—	16.63	10.03
1980	248.60	1617.24	2685.51	—	25.68	13.77
1985	518.57	2636.33	4618.26	56.24	31.82	25.03
1990	855.11	4302.71	6552.47	47.85	44.87	25.20
1995	1061.28	5227.30	11248.50	90.85	46.71	31.69
2000	989.26	5196.68	13975.31	60.47	36.77	33.39
2001	942.91	5200.74	14227.49	57.68	35.84	33.76
2002	974.35	5534.34	14389.93	55.47	36.67	33.53
2003	1039.33	6019.90	15844.60	54.24	34.87	32.94
2004	1055.66	6350.32	17446.78	46.70	31.72	30.37
2005	888.51	6036.67	17837.79	33.04	26.08	26.04
2006	739.74	6249.62	19885.07	23.56	23.28	24.27
2007	811.14	7339.59	23769.95	21.32	21.94	23.36
2008	841.45	8156.11	24877.79	18.47	21.82	20.04
2009	918.24	9043.67	26343.81	19.32	23.97	21.92
2010	898.65	10235.65	32126.13	17.03	22.70	21.85
2011	933.08	11348.60	38488.90	24.33	22.06	21.67
2012	1061.87	12472.26	42875.32	28.78	22.97	22.53
2013	1273.13	13630.88	49321.41	34.58	24.64	24.23
2014	1392.07	14332.50	53000.08	34.32	24.55	25.15
2015	1490.04	15032.81	47642.02	36.45	26.35	24.06

续表

年份	外债存量 / 亿美元			外债存量占 GNI 比重 / %		
	低收入国家	中等偏下收入国家	中等偏上收入国家	低收入国家	中等偏下收入国家	中等偏上收入国家
2016	1555.88	15551.70	49801.63	37.26	26.04	25.23
2017	1706.82	17604.26	55040.92	37.17	27.46	25.15
2018	1787.57	18463.46	58542.06	45.98	28.13	24.98
2019	1885.83	19866.44	60749.65	45.65	29.08	25.41
2020	2069.58	21271.44	63105.35	50.45	32.40	27.32
2021	2214.25	22975.87	67579.91	50.69	30.71	24.56
2022	2217.41	23513.10	63924.05	44.73	29.17	22.07

图 3-2 进一步统计了 2022 年发展中国家外债负担率的区间分布情况。如果将发展中国家外债负担水平细化至国家层面，可以发现，九成以上的发展中国家外债负担率已经高于国际警戒线。特别值得关注的是，赞比亚、佛得角两个国家的外债负担率已超过 90% 这一警戒线，莫桑比克、蒙古国、黑山、毛里求斯、老挝、苏里南、塞内加尔、牙买加、格鲁吉亚、尼加拉瓜十个国家的外债负担率已经超过 100%，上述发展中国家外债规模过大，可能对该国的经济稳定产生不利影响，外债风险问题尤为突出。从上述十二个国家的地理分布来看，约有 50% 的国家位于非洲，其中包括外债负担率最高的莫桑比克（423.64%），以及排名第四位的毛里求斯（136.77%），由此可见，非洲国家的外债问题值得重点关注，本章将在第四部分对此进行详细介绍。

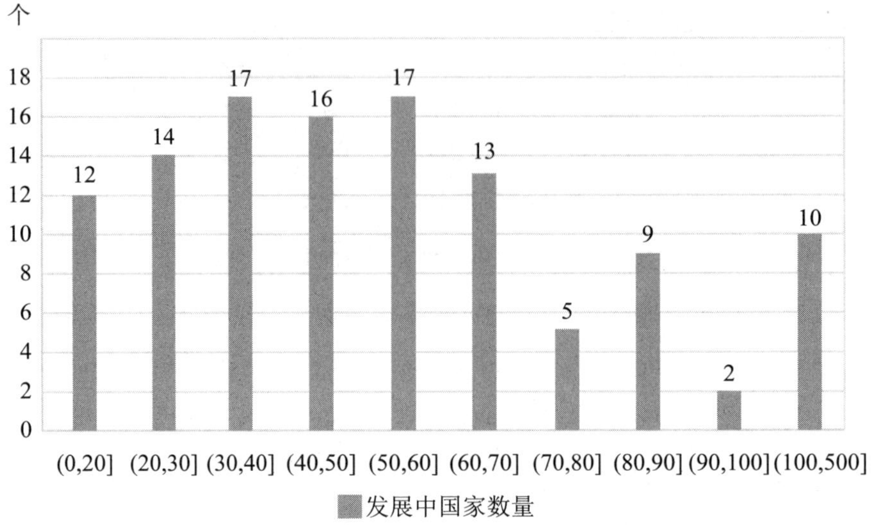

图 3-2　2022 年发展中国家外债负担率的区间分布情况

（二）发展中国家外债结构的基本情况

1. 发展中国家外债的债权人构成情况

国际债务的债权人可以分为双边债权人和多边债权人。其中，双边债权人是指国际债务的债权人为主权国家，而多边债权人则指国际债务的债务人为多边机构。在 20 世纪七八十年代，美国一度成为全球最大的债权国。为了考察美国这一重要债权人的地位演变，本章重点关注了 2022 年发展中国家排名前六位的双边和多边债权人。表 3-2 展示了发展中国家主要债权人的基本情况。总的来看，发展中国家外债的债权人构成具有以下三个特点：

首先，在 20 世纪 70 年代，美国曾是发展中国家的第一大债权人，但近年来，美国在发展中国家的债权份额显著下降。1970 年，发展中国家外债存量的近 20% 来源于美国，这不仅远高于同时期德国、法国等其他双边债权人，也远超世界银行等多边债权人。然而，自 20 世纪 80 年代以来，随着对外投资和居民储蓄率的持续下降，贸易赤字、外债和信贷消费日益增长，美国在发展中国家的债权份额逐渐降低，并在 1985 年结束了长达 70 年净债权国的历史。截至 2022 年，美国在发展中国家的债权份额仅为 0.40%，位列发展中国家的第六大双边债权人。

其次，日本、法国、德国等传统双边债权人在发展中国家的债权份额显著下降，而中国作为新兴债权人在发展中国家的债权份额却明显上升。从 1970 年到 2022 年，美国、德国、法国和日本 4 个传统双边债权人在发展中国家的债权份额均有不同程度的下滑，分别降低了 19.45 个、4.39 个、3.53 个和 0.91 个百分点。传统债权人的退出在一定程度上助推了以中国为代表的新兴债权人的出现与崛起。中国在发展中国家的债权份额由 1970 年的 0.64% 增长到了 2022 年的 2.03%，截至 2022 年，中国成为发展中国家第三大债权人，仅次于 IMF 和世界银行，同时也是发展中国家第一大双边债权人。

最后，IMF 和世界银行在发展中国家外债积累中始终发挥着重要作用，其他多边债权人在发展中国家的债权份额也有小幅上升。1970 年，世界银行在发展中国家的债权份额虽不及美国，但仍高于德国、法国等债权人。在过去的 50 多年间，世界银行在发展中国家的债权份额小幅下降，但截至 2022 年，世界银行仍是发展中国家第二大债权人。与世界银行不同的是，IMF 在发展中国家的债权份额从 1970 年的 1.14% 迅速增长至 2022 年的 4.55%，一跃成为发展中国家第一大债权人。此外，亚洲开发银行、美洲开发银行、非洲开发银行、欧洲投资银行等多边债权人在发展中国家的债权份额均有不同幅度的增长。

表 3-2　发展中国家主要债权人的基本情况

单位：%

序号	多边债权人					双边债权人				
	债权人名称	在发展中国家外债存量的占比				债权人名称	在发展中国家外债存量的占比			
		1970年	2000年	2010年	2022年		1970年	2000年	2010年	2022年
1	国际货币基金组织	1.14	3.88	3.14	4.55	中国	0.64	0.31	0.99	2.03
2	世界银行	5.93	5.08	2.78	4.55	日本	2.27	6.87	3.54	1.36
3	亚洲开发银行	0.03	1.87	1.67	1.55	荷兰	0.74	0.29	0.14	0.83
4	美洲开发银行	0.03	1.87	1.67	1.06	法国	4.06	2.12	0.88	0.53
5	非洲开发银行	0.004	0.84	0.46	0.48	德国	4.85	2.50	1.02	0.46
6	欧洲投资银行	0.20	0.32	0.49	0.38	美国	19.85	2.27	0.75	0.40

2. 发展中国家外债的债务国构成情况

表 3-3 是发展中国家主要债务国的基本情况。为了与前文保持一致，本章也将以前十二位发展中国家为例进行分析。总的来看，发展中国家外债的债务国构成具有以下三个特点：

首先，中国是发展中国家第一大债务国，然而中国的外债负担率远低于其他发展中国家的整体水平，中国外债风险总体可控。中国成为发展中国家第一大债务国的原因主要有以下三点：第一，中国经济实力不断增强，吸引境外资金持续流入；第二，中国稳妥有序地推进金融市场双向开放，为境外投资者投资中国金融市场营造了良好的制度环境；第三，中国持续推进外债便利化改革，为企业提供融资便利。由此可见，中国外债存量的迅速增长，反映了国际投资者对中国市场的认可，符合经济发展规律与客观融资需求。2022 年，中国外债负担率仅为 13.44%，不仅低于同期发展中国家的整体水平（23.89%），而且处于国际公认的安全线（通常为 20%）以内，这表明中国外债风险总体可控。

其次，与中国相比，其他主要债权国占发展中国家外债存量的比重较小，但较高的外债负担率却不容忽视。2022 年，中国占发展中国家外债存量的比重超过 1/4（为 26.64%），而同期其他发展中国家外债存量份额均在 7% 以下，明显低于中国。然而，多数发展中国家主要债务国的外债负担率已超过同期发展中国家的总体水平（为 23.89%），潜在的外债风险问题不容忽视，这一问题在哥伦比亚、土耳其、墨西哥、阿根廷等国家表现得尤为明显。

最后，从外债份额的变化趋势来看，多数发展中国家外债存量的占比有不同幅度的下降，发展中国家债务国集中度有所下降。与初始年份相比，除中国、土耳其、泰国和南非四个国家外，其他发展中国家主要债务国外债存量占比均有所下降，特别是印度、墨西哥、阿根廷三个国家外债存量占比的下滑幅度均超过 4 个百分点。这在一定程度上表明，在过去 50 多年间，发展中国家外债存量的债务国集中度有所下降，债务国构成逐步呈现多元化趋势。

表 3–3　发展中国家主要债务国的基本情况

序号	债务国名称	外债存量 / 亿美元	在发展中国家外债存量的占比 / %				外债负担率 / %
			1970 年	2000 年	2010 年	2022 年	
1	中国	23887.42	—	7.24	17.17	26.64	13.44
2	印度	6168.63	13.04	5.02	6.71	6.88	18.42

续表

序号	债务国名称	外债存量/亿美元	在发展中国家外债存量的占比/%				外债负担率/%
			1970年	2000年	2010年	2022年	
3	墨西哥	6004.23	10.99	8.83	7.09	6.70	41.92
4	巴西	5785.99	9.26	12.03	8.15	6.45	31.11
5	土耳其	4586.99	4.25	5.79	7.32	5.12	51.05
6	印度尼西亚	3962.35	5.31	7.14	4.58	4.42	30.89
7	俄罗斯	3761.17	—	7.27	9.66	4.20	17.15
8	阿根廷	2476.81	9.12	7.44	2.93	2.76	40.00
9	泰国	1920.78	1.55	3.96	2.48	2.14	39.95
10	哥伦比亚	1841.18	3.62	1.70	1.49	2.05	80.38
11	南非	1721.33	—	1.32	2.67	1.92	40.38
12	埃及	1631.04	2.79	1.45	0.85	1.82	35.38

（三）发展中国家外债优惠度的基本情况

一般而言，债权人以低利率、长期限等优惠条件提供的融资可以降低债务国还本付息压力，进而有利于降低债务国发生债务危机的可能性（Morris et al.，2020）。因此，本章从优惠贷款比重、外债平均还款期限以及外债利息支出三个维度，对发展中国家的外债优惠度问题展开分析。

1. 发展中国家获得优惠贷款的基本情况

根据世界银行的定义，优惠贷款是指赠款占比不低于35%的贷款。图3-3是1970—2022年发展中国家优惠贷款占外债存量比重走势图。总的来看，在过去50多年里，发展中国家获得的优惠贷款占外债存量的比重大幅下降，从1970年的17.36%下降到2022年的4.0%。这一趋势产生的核心原因在于，债权国在提供资金支持时，让利意愿有所衰退。长期以来，受全球经济增长乏力、经济复苏进程缓慢以及疫情和战争等因素的叠加影响，债权国向发展中国家提供赠款的整体规模不断缩小、意愿持续降低，进而拉低了发展中国家获得优惠贷款的比重。优惠贷款的减少，对低收入国家造成的负面冲击可能最为明显。这是由于低收入国家难以通过市场渠道获得资金，因而更依赖于优惠融资渠道，比如以赠款的形式获得资金。而中等收入发展中国家的融资通常依赖国际资本市场，降低举债成本能够极大地扩充其财政空间。

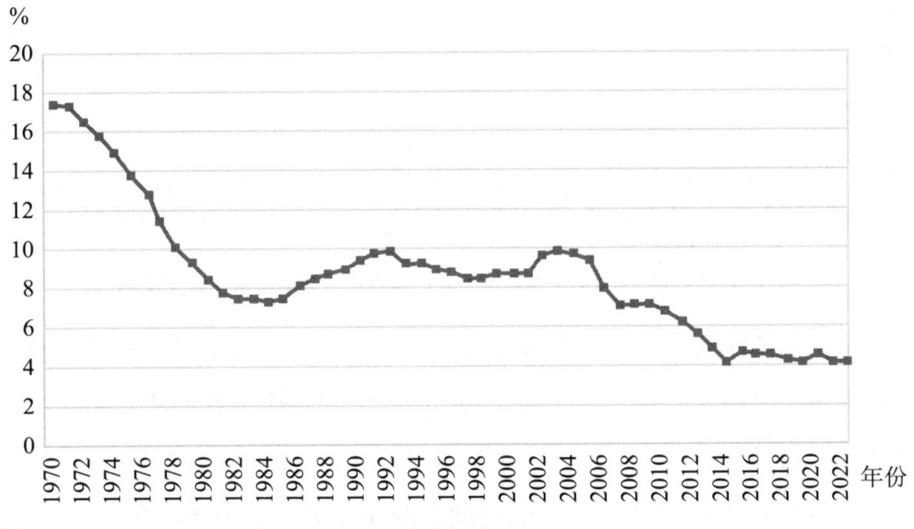

图 3-3 1970—2022 年发展中国家优惠贷款占外债存量比重走势图

2. 发展中国家外债还款期限的基本情况

(1) 长期外债占比视角。根据世界银行的统计标准，期限超过一年的债务被界定为长期债务。图 3-4 是 1970—2022 年发展中国家长期外债占外债存量比重走势图。总的来看，发展中国家长期外债具有以下两个特点：首先，从长期外债的规模来看，从 1970 年到 2022 年，发展中国家长期外债占外债存量的比重保持在 65% 以上，长期外债是发展中国家外债存量的主要组成部分；其次，从长期外债占比的走势来看，在过去 50 多年间，发展中国家长期外债占比虽呈现出小幅下降的趋势，但大多是在 67% ~ 87% 这一区间范围内波动。一般而言，较高的长期外债占比不仅有利于增强发展中国家资金的内在稳定性，而且能够减轻发展中国家短期的债务偿付压力。

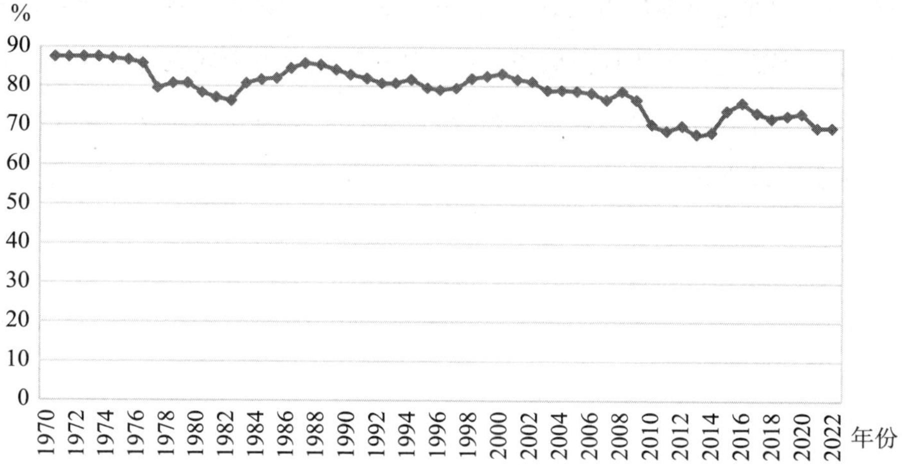

图 3-4　1970—2022 年发展中国家长期外债占外债存量比重走势图

（2）新增外债平均期限视角。这里所提及的期限是指初始到期日的年数，它是宽限期和还款期的总和。其中，宽限期是从签署贷款合同或发行金融工具之日起，至首次偿还本金的这段时间；还款期限则是指从第一次偿还本金到最后一次偿还本金的期间。图 3-5 展示了 1970—2022 年发展中国家新增外债平均期限情况。总的来看，在过去的 50 多年间，发展中国家新增外债平均期限呈现出波动下降的趋势。具体而言，1970 年发展中国家新增外债平均期限约为 22.73 年，到 2022 年，这一数字下降至 15.20 年，总体呈现出较为平稳的波动下降趋势。在此期间，较为明显的大幅度波动出现在 20 世纪 70 年代中期。可能的原因是，20 世纪 70 年代，世界经济先后遭遇了布雷顿森林体系瓦解、石油危机以及美元汇率大幅波动等冲击，大宗商品价格急剧攀升，欧美国家经济普遍陷入滞涨状态，这在一定程度上致使发展中国家外债负担加重、新增外债期限大幅度下降等现象出现。

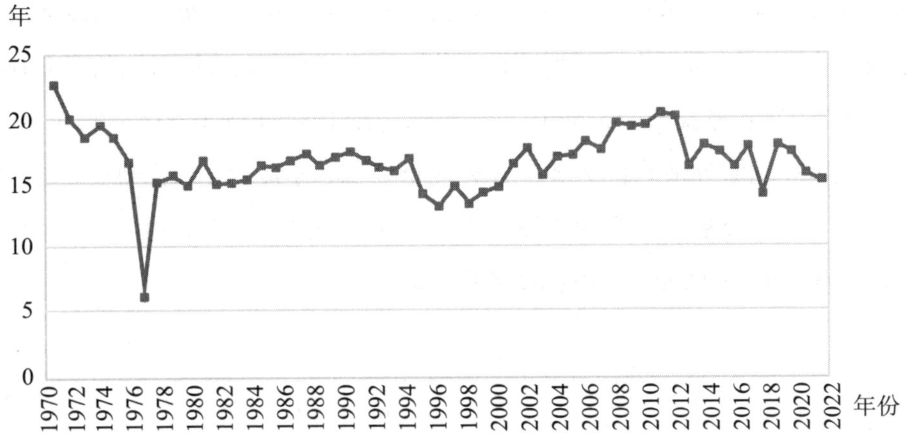

图 3–5　1970—2022 年发展中国家新增外债平均期限情况

3. 发展中国家外债利息支出的基本情况

图 3–6 是 1970—2022 年发展中国家利息支出规模及其占 GNI 比重的情况。总的来看，在过去 50 多年间，发展中国家外债利息支出呈现出以下两个特点：

首先，从利息支出总规模来看，发展中国家外债的利息支出整体呈快速上升趋势，自 20 世纪 80 年代以来，这一增长趋势尤为显著。2022 年，发展中国家外债利息支出达到 3117.99 亿美元，约是 1970 年的 132.52 倍、1980 年的 8.93 倍、2000 年的 2.96 倍。由此可见，自 1980 年以来，发展中国家的偿债成本持续攀升。由于日益增长的利息支付和越发紧迫的债务偿还要求，发展中国家面临着更为紧迫的融资压力。这一趋势可能会限制发展中国家在公共服务及商业投资等重要领域的资金投入。相反，减轻债务负担将释放财政空间，使发展中国家能够开展新的投资，这有助于推动其长期经济增长。

其次，从利息支出的相对规模来看，发展中国家外债利息支出占 GNI 的比重在 0.5% ~ 2% 的区间内波动。从 1970 年到 2022 年，尽管发展中国家外债利息支出总额大幅上升，但利息支出占 GNI 比重这一指标并未同步大幅上涨，而是在 0.5% ~ 2% 的区间波动。1970 年，发展中国家外债利息支出占 GNI 比重处于考察期的最低值，为 0.37%，此后该指标急剧上升，到 1982 年达到考察期的最高值，为 2.0%。在 1982 年到 1999 年的 10 多年间，发展中国家外债利息支出占 GNI 比重一直处于波动变化态势。自 2000 年以后，由于发展中国家经济较快增长，外债利息支出占 GNI 比重大致呈下降趋势，到 2022 年，该指标调整为 0.83%。

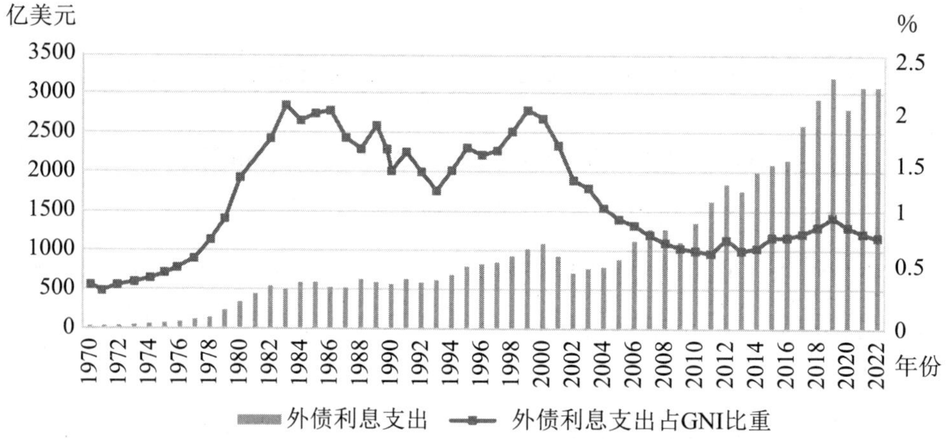

图 3-6　1970—2022 年发展中国家外债利息支出情况

（四）发展中国家债务违约的基本情况

在过去 50 多年间，全球范围内国际债务规模空前扩张，债务违约问题越发频繁。所谓外债违约，是指一国政府作为债务人，未在约定的时间向国外债权人偿还债务本息的行为。一国外债违约可能对其产生多方面的潜在不利影响：首先，外债违约会损害该国在国际金融市场上的信誉，进而可能提高该国未来的借贷成本。其次，外债违约不利于稳定或改善一国国内经济状况。一方面，一旦发生外债违约，该国可能需要采取紧缩政策以应对债务问题，这可能抑制经济增长或加剧失业；另一方面，外债违约可能导致该国货币贬值，从而引发通货膨胀压力。最后，外债违约不利于塑造一国良好的国际形象，从而影响该国未来开展国际合作。

根据加拿大银行－英格兰银行主权债务违约数据库公布的数据，在 20 世纪 70 年代至 90 年代，全球主权债务违约国家数和主权债务违约率均持续攀升。特别是从 20 世纪 80 年代末开始，主权债务违约率一度超过 50%，并在 1994 年达到考察期的峰值，为 54.98%，同年主权债务违约国家数为 116 个。不过，自 2000 年以来，全球范围的主权债务违约情况有所缓解，2006 年以后主权债务违约率逐步降至 50% 以下。然而，在新冠疫情冲击下，2020 年主权债务违约国家数量和违约率分别小幅上升至 106 个和 49.30%，但这一冲击并未产生持续性负面影响，上述两个指标很快恢复到冲击前水平。到 2022 年，全球主权债务违约国家数为 83 个，主权债务违约率为 38.60%，主权债务违约总额约占全球 GDP 的 0.56%（见图 3-7）。

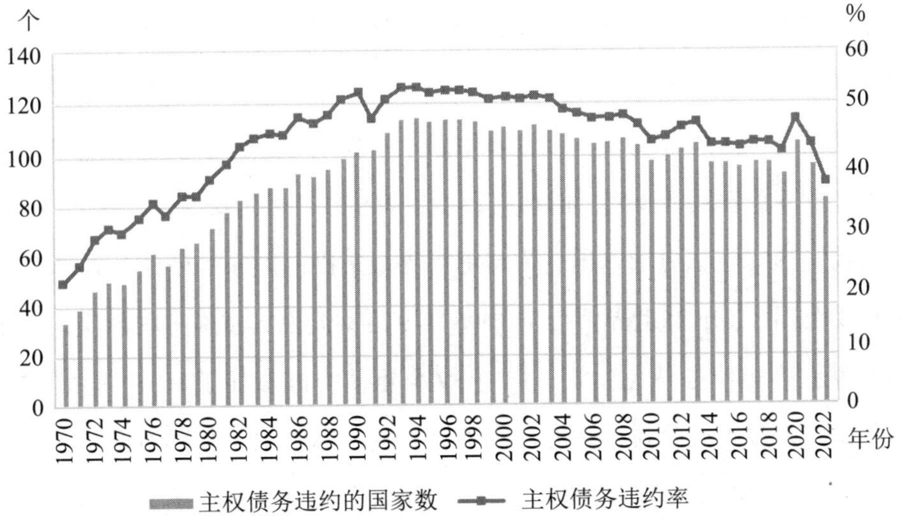

图 3-7　1970—2022 年全球主权债务违约总体情况

资料来源：加拿大银行－英格兰银行主权债务违约数据库。

从违约方来看，全球主权债务违约大多发生在发展中国家。表 3-4 列出了 1970—2022 年发展中国家与发达国家主权债务违约总额的比较情况。总的来看，发展中国家主权债务违约具有以下两个特点：

首先，长期以来，全球主权债务违约主要集中在发展中国家。自 2012 年以来，发达国家开始出现主权债务违约问题。在 20 世纪 70 年代至 90 年代，全球主权债务违约总额处于急速上升阶段，此后呈现波动变化的发展态势。截至 2011 年，全球主权债务违约均出现在发展中国家。然而，从 2012 年开始，发达国家陆续出现主权债务违约现象，特别是 2012 年、2013 年和 2018 年这三个年份表现得尤为显著。目前，加拿大银行－英格兰银行主权债务违约数据库公布的数据尚未详细列出发达国家主权债务违约的具体国家及详细违约金额，但这一现象说明全球主权债务违约波及的国家范围正逐步扩大，已从发展中国家扩展至发达国家，主权债务违约问题不容忽视。

其次，从违约金额来看，发展中国家主权债务违约多发生在重债穷国倡议外的其他发展中国家，但在新冠疫情等全球性冲击影响下，HIPC 国家主权债务违约问题愈加突出。为帮助世界最贫困的国家将外债负担降低至可承受范围，IMF 和世界银行于 1996 年 9 月共同发起重债穷国倡议，2005 年又发起多边债务减免倡议，共有 39 个重债穷国参加了 HIPC 和 MDRI，这些国家多位于撒哈拉以南的非洲地区。在国际组织、非洲国家等多方共同努力下，HIPC 国家违约的主权债务总额相较其他发展中国家并不高。然而，在新冠疫情等因素影响下，2020 年以后，HIPC 国家主权债务违约总额屡创历史新高，特别是 2022 年这一数字急剧增长，达到了 1315.82 亿美元。由此可见，HIPC 国家主权债务违约问题依然严峻。

表 3-4　1970—2022 年发展中国家与发达国家主权债务违约总额的情况比较

单位：亿美元

年份	主权债务违约总额	其中：发达国家	HIPC 国家	其他发展中国家
1970	53.01	0	0.92	52.09
1980	125.60	0	62.33	63.27
1990	4507.81	0	435.86	4071.95
2000	2313.74	0	466.05	1847.70
2001	2371.26	0	514.95	1856.31
2002	3713.78	0	707.28	3006.50
2003	4060.14	0	637.16	3422.98
2004	4033.94	0	770.47	3263.47
2005	3927.97	0	743.22	3184.76
2006	2617.21	0	724.44	1892.78
2007	2179.96	0	733.04	1446.92
2008	2149.40	0	589.69	1559.71
2009	2028.75	0	555.89	1472.86
2010	2247.08	0	625.21	1621.86
2011	1887.79	0	541.20	1346.59
2012	5160.79	3124.20	584.20	1452.40
2013	5332.92	3555.19	530.26	1247.46
2014	2515.82	0	565.15	1950.66
2015	2171.32	33.25	597.55	1540.53
2016	2714.24	259.04	616.21	1838.99
2017	2682.89	466.02	731.65	1485.22
2018	4235.66	1608.89	743.32	1883.45
2019	3290.62	533.00	737.00	2020.63

续表

年份	主权债务违约总额	其中：发达国家	HIPC 国家	其他发展中国家
2020	4912.30	566.49	808.74	3537.07
2021	4136.54	599.98	867.22	2669.34
2022	5542.37	612.26	1315.82	3614.29

资料来源：加拿大银行－英格兰银行主权债务违约数据库。

三、中国对外贷款的发展历程与特征事实

（一）中国对外贷款规模的基本情况

1. 中国对外贷款存量的基本情况

随着中国经济持续快速增长、人民币在国际货币体系中的地位日益巩固，中国逐渐成为发展中国家重要债权人之一。图 3-8 是 1970—2022 年中国对外贷款存量走势图。总的来看，中国对外贷款的发展进程呈现出以下两个特点：

首先，中国对外贷款的迅速增长始于 21 世纪初期。长期以来，中国对外贷款不仅规模较小，而且增长十分缓慢。截至 2000 年，中国对外贷款存量约为 63.05 亿美元，仅为 1970 年的 15.25 倍、1980 年的 2.23 倍、1990 年的 2.32 倍。这一时期中国对外贷款不仅自身增长缓慢，而且其规模远低于同时期的传统债权国。截至 2000 年，世界银行对外贷款存量约为中国的 30.03 倍，日本对外贷款存量约为中国的 21.98 倍。然而进入 21 世纪后，特别是 2006 年以后，中国对外贷款规模开始快速增长，每年以数十亿甚至上百亿美元的规模迅速积累。从走势图来看，2006 年世界银行、美国、日

本对外贷款存量急剧下降，传统债权人的退出或许是推动中国对外贷款规模增长的原因之一。2014 年，中国对外贷款存量突破 1000 亿美元，达到 1009.11 亿美元，相较 2013 年增长了 162.22 亿美元。受新冠疫情等因素影响，2019 年之后，中国对外贷款存量的年增长速度逐步放缓，甚至在 2022 年同比减少了 66.53 亿美元，但仍维持在 1821.55 亿美元这一较高水平。

其次，尽管经历了十多年的迅速增长，中国对外贷款存量仍然远低于世界银行和 IMF，但略高于美国和日本。在新冠疫情前的 2018 年，中国对外贷款存量约为 1699.17 亿美元，大约是世界银行对外贷款存量的 1/2（为 3243.26 亿美元），但略高于 IMF 的对外贷款存量（为 1521.63 亿美元），且远超日本和美国（分别为 1229.36 亿美元和 392.91 亿美元）。然而，2019 年之后，IMF 的对外贷款存量急剧上升，并超过了中国和世界银行。截至 2022 年，IMF 和世界银行对外贷款存量均突破 4000 亿美元，约是中国对外贷款存量的 2 倍以上。而日本和美国的对外贷款存量则低于中国，分别为 1217.42 亿美元和 358.25 亿美元。

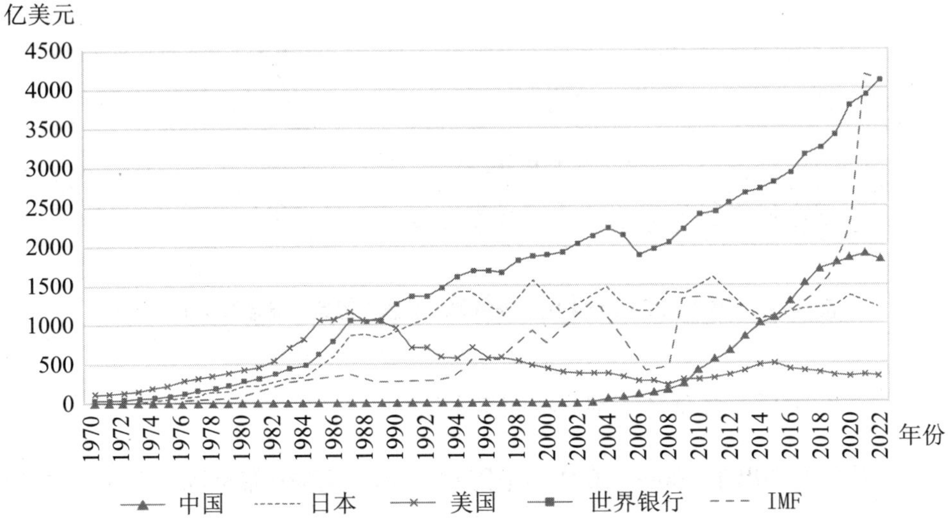

图 3–8　1970—2022 年中国对外贷款存量走势图

2. 中国占发展中国家外债存量比重的基本情况

图 3-9 从相对规模视角展示了 1970—2022 年中国对外贷款占发展中国家外债存量比重的走势图。长期以来，中国占发展中国家外债存量的比重不足 1%，但 2010 年之后，这一指标快速上升。具体而言：1970 年至 2010 年间，中国占发展中国家外债存量的比重呈现出先升后降的态势。除 1974 年达到这一时期的峰值 1.0% 外，其余年份均低于 1%。特别是在 1980 年至 2010 年的 30 年间，中国占发展中国家外债存量的比重均低于 0.5%，且走势较为平稳。但在 2010 年之后，中国占发展中国家外债存量的比重急剧攀升，从 2011 年的 1.08% 快速增长到 2019 年的 2.12%，在随后的三年，该指标虽有所下降，但均保持在 2% 以上。由此可见，中国作为新兴债权国，在发展中国家外债形成过程中发挥着日益重要的作用。

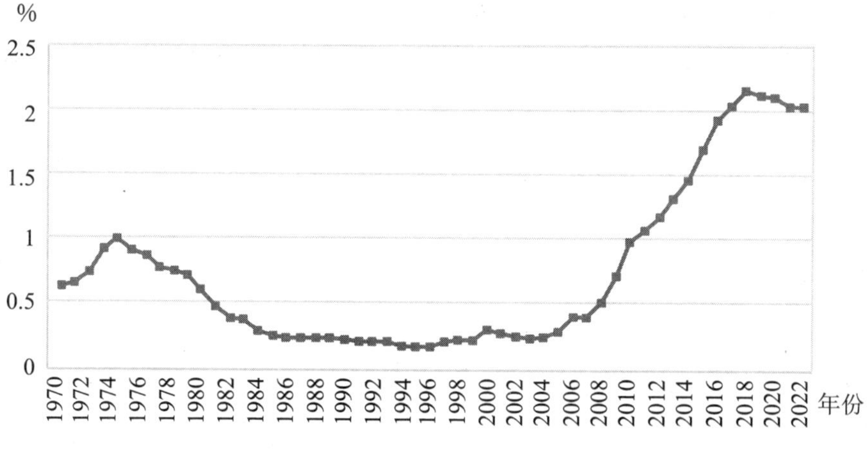

图 3-9　1970—2022 年中国对外贷款占发展中国家外债存量比重走势图

（二）中国对外贷款国别分布的基本情况

表 3-5 列出了 2000—2022 年中国对外贷款国别分布情况。考虑到样本代表性和数据完整性，本章以中国对外贷款存量前十五大债权国为例进行

分析。总的来看，中国对外贷款国别分布具有以下 3 个特点：

首先，从债权存量的国家分布来看，截至 2022 年，中国对外贷款集中分布于巴基斯坦和安哥拉两个国家，上述两个国家有超过 1/5 的外债存量来源于中国。据世界银行统计，2022 年，中国在巴基斯坦和安哥拉的债权存量均超过 200 亿美元，远高于排名第三的斯里兰卡。与此同时，中国在上述两个国家外债存量中的比重分别达到 20.95% 和 34.90%，已经成为其重要债权人之一。此外，2022 年，中国在老挝、喀麦隆、埃塞俄比亚和赞比亚 4 个国家的外债存量比重均超过 20%，这些国家也是中国对外贷款的主要流向国。

其次，从债权占比的变动趋势来看，2000 年到 2022 年，中国在主要债务国外债存量的比重迅速增长，特别是在安哥拉、孟加拉国、喀麦隆和肯尼亚 4 个发展中国家表现得尤为明显。截至 2022 年，中国在主要债务国外债存量占比均有不同幅度的增长。其中，在过去 20 多年间，中国在安哥拉外债存量的比重增长最为显著，增幅超过 34 个百分点。此外，中国在老挝、喀麦隆和埃塞俄比亚三个国家外债存量占比的增幅也均超过 20 个百分点，增幅较为明显。相比之下，2022 年中国在第一大债权国巴基斯坦外债存量占比的增幅相对较小，但也达到了 18.98 个百分点。

最后，从地理分布来看，中国对外债务融资主要流向了非洲地区，其次是南亚和东南亚，同时也广泛涵盖了南美和东欧地区。截至 2022 年，在中国对外贷款排名前十五的国家中，有安哥拉、埃塞俄比亚、肯尼亚、赞比亚等 8 个非洲国家，占中国前十五位债权国数量的一半以上。此外，还包括了巴基斯坦、斯里兰卡、孟加拉国 3 个南亚国家以及老挝、柬埔寨 2 个东南亚国家等。

表 3-5 2000—2022 年中国对外贷款国别分布情况

序号	债务国	中国对外贷款存量 / 亿美元	中国占一国外债存量的比重 / %					
			2000 年	2005 年	2010 年	2015 年	2020 年	2022 年
1	巴基斯坦	265.99	1.97	1.77	3.42	8.67	20.65	20.95
2	安哥拉	209.78	0.73	1.69	18.57	20.30	33.75	34.90
3	斯里兰卡	88.42	0.29	0.88	6.66	10.30	12.72	15.06
4	埃塞俄比亚	68.22	1.17	0.73	24.41	35.57	26.12	23.85
5	肯尼亚	66.86	0.16	0.44	3.13	15.80	19.08	16.09
6	赞比亚	60.78	2.08	3.20	8.43	18.21	19.49	21.18
7	孟加拉国	60.53	0.66	0.84	0.05	2.38	6.22	6.24
8	老挝	52.46	0.08	8.74	11.80	26.19	24.77	28.04
9	埃及	52.14	0.29	0.33	0.45	0.70	3.39	3.20
10	尼日利亚	42.92	—	0.46	1.34	3.48	4.11	4.36
11	厄瓜多尔	41.45	0.05	0.04	5.21	19.32	9.11	6.83
12	柬埔寨	40.08	0.24	1.32	13.11	28.43	22.18	17.84
13	白俄罗斯	39.19	1.18	1.06	3.16	9.62	11.43	9.85
14	科特迪瓦	38.48	0.12	0.37	0.97	6.99	12.40	12.04
15	喀麦隆	37.85	0.30	0.75	6.19	29.29	25.81	25.07

（三）中国对外贷款优惠度的基本情况

与前文的研究思路相同，本小节也将从优惠贷款比重、平均还款期限以及利息水平三个角度，分析中国对外贷款优惠度的基本情况，并将其与全球总体水平进行比较分析。

1. 中国对外优惠贷款占比的基本情况

图 3-10 是 1970—2022 年中国与全球优惠贷款占比的情况比较。相较

而言，中国对外优惠贷款占比具有以下特点。

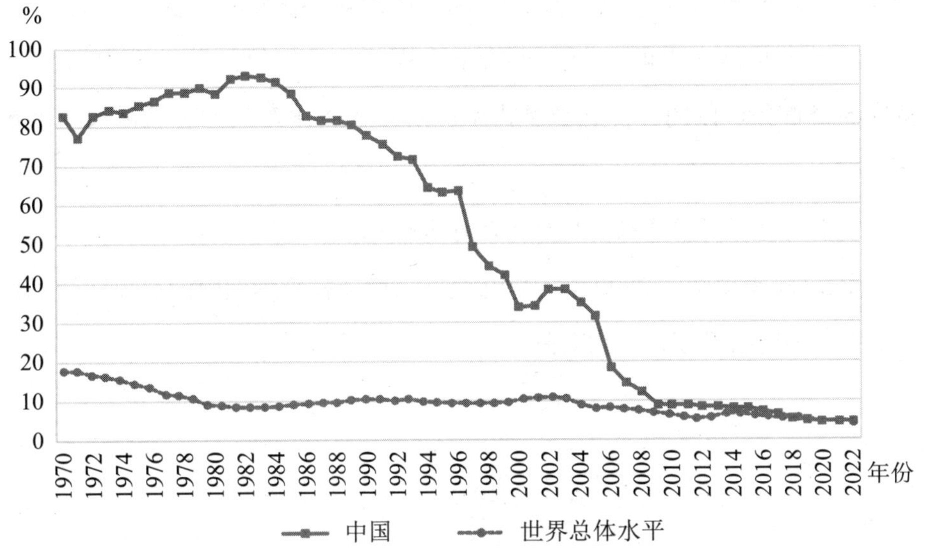

图 3–10　1970—2022 年中国与全球优惠贷款占比的情况比较

首先，总体而言，优惠贷款占中国对外贷款的比重经历了大幅下降，并逐步趋于平稳。在 1970 年至 2022 年间，优惠贷款占中国对外贷款的比重一度超过 90%，并在 1982 年达到考察期的峰值，为 93.27%。此后，该指标开始大幅下降。到 2022 年，中国对外优惠贷款占比降至考察期最低水平，为 3.61%，且这一下降趋势在 2010 年之前表现得尤为明显。在 2010 年之后，该指标的变动逐步趋于平缓，在 3% ~ 9% 的区间内小幅调整。

其次，长期以来，优惠贷款占中国对外贷款的比重远超世界总体水平。但随着中国对外优惠贷款比重显著下降，中国逐渐与世界总体水平持平。在 1970 年至 2022 年间，全球范围内优惠贷款占比相对稳定，基本上围绕 10% 这一水平波动。在 20 世纪 70 年代至 90 年代，优惠贷款占中国对外贷款的比重远高于世界总体水平。1970 年，优惠贷款占中国对外贷款的比重为 82.87%，而同时期世界总体水平仅为 17.36%，两者相差约 66 个百分点。在其后的十多年间，这一差距进一步拉大，并于 1982 年达到考察期峰值，相差近 86 个百分点。此后，随着中国对外优惠贷款比重大幅下降，中国与世界总体水平的差距逐步缩小。从 2008 年开始，这一差距始终维持在 5 个百分点以内，优惠贷款占中国对外贷款比重与世界总体水平基本持平。

2. 中国对外新增债权平均期限的基本情况

图 3-11 是 1970—2022 年中国与全球新增债权平均期限的情况比较。相较而言，中国新增债权平均期限具有以下两个特点。

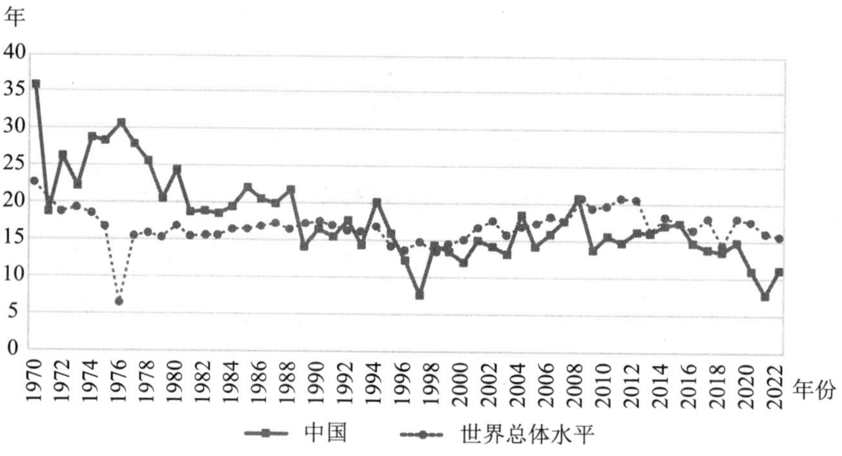

图 3-11　1970—2022 年中国与全球新增债权平均期限的情况比较

首先，总体而言，中国新增债权平均期限呈现出波动下降的发展态势。在过去的 50 多年间，中国新增债权的平均期限由 1970 年的 35.91 年下降至 2022 年的 11.11 年。但是，各年份间，中国新增债权平均期限波动较为明显，因而总体呈现波动下降的发展趋势。

其次，与世界总体情况相比，中国新增债权平均期限的波动幅度较大，且在 2000 年以后，中国新增债权平均期限略低于世界总体水平。从 1970 年至 2022 年，全球新增债权平均期限在 15 年左右，基本集中在 10 年至 20

年这一区间范围内。相比之下，在过去的 50 多年间，中国新增债权的波动性更为显著。正因如此，在 20 世纪 70 年代至 90 年代，中国与世界新增债权平均期限走势图呈现出交错变化的特点，而自 2000 年以来，中国新增债权平均期限总体上略低于世界总体水平。

3. 中国对外贷款利息收入的基本情况

图 3–12 是 1970—2022 年中国对外贷款利息收入及其在全球占比走势图。从图 3–12 中可以看出，长期以来，中国对外贷款利息收入总额及其在全球的占比均处于较低水平。进入 21 世纪后，两者开始呈现增长态势，2006 年之后增幅尤为明显。具体而言：在 1998 年以前，中国对外贷款利息收入不足 1 亿美元，在全球对外债权利息收入中的占比不足 0.1%，两者均处于较低水平。2000 年以来，随着中国对外贷款规模的扩大及优惠贷款占比的下降，中国对外贷款利息收入开始出现增长态势，中国在全球对外债权利息收入中的比重也随之上升，但初期仍增长较为缓慢。2006 年以后，中国对外贷款利息收入总额及其占比均加速增长，并在 2019 年达到考察期峰值，分别为 63.30 亿美元和 1.99%，其后两年受新冠疫情影响有所回落，但 2022 年重启增长态势。

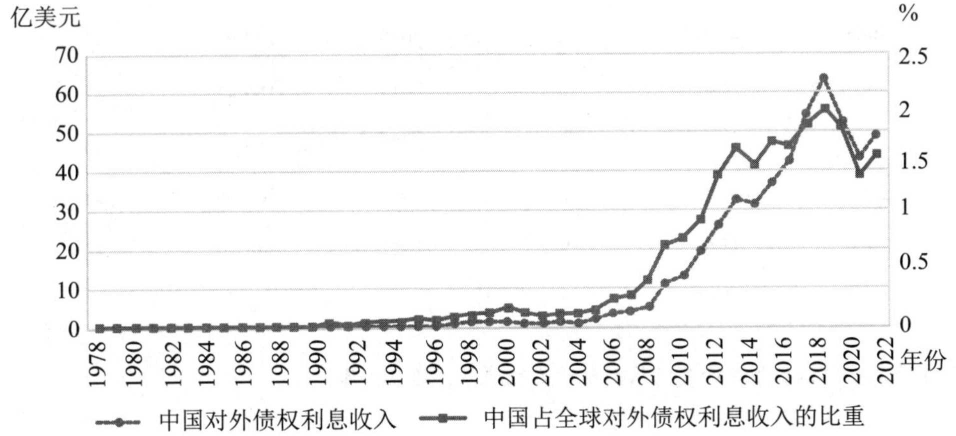

图 3–12　1970—2022 年中国对外贷款利息收入及其在全球占比走势图

（四）中国对外贷款违约的基本情况

表 3–6 列出了 2000—2022 年中国对外贷款违约情况。总的来看，中国对外贷款违约问题出现较为频繁，违约总额增长迅速。具体而言，在 2000 年至 2022 年间，中国对外贷款违约事件累计发生 252 次，违约总额高达 1829.72 亿美元。从历年情况来看，中国对外贷款违约频率和违约总额具有一定周期性特征的波动变化趋势。然而，自 2016 年以来，上述两个指标持续处于较高水平。由此可见，中国对外贷款潜在的债务违约风险不容小觑。

表 3–6　2000—2022 年中国对外贷款违约情况

年份	违约总额 / 亿美元	违约次数 / 次	年份	违约总额 / 亿美元	违约次数 / 次
2000	0.09	3	2012	5.23	8
2001	6.46	20	2013	1.31	1
2002	11.14	12	2014	33.25	7
2003	4.22	9	2015	0.43	2
2004	0.71	4	2016	166.57	8
2005	1.65	6	2017	75.88	14
2006	4.60	12	2018	222.93	13
2007	18.62	32	2019	184.25	11
2008	0.69	4	2020	284.12	28
2009	0.03	3	2021	307.46	28
2010	98.65	9	2022	338.79	11
2011	62.65	7			

资料来源：加拿大银行 – 英格兰银行主权债务违约数据库。

四、非洲国家国际债务的发展历程与特征事实

非洲国家的债务问题始于 20 世纪 70 年代。在独立后短暂经济繁荣的刺激下，非洲国家大多采取宽松的财政政策，其外部融资需求迅速上升。与此同时，西方国家金融机构的财富积累也催生了资本外借的需求，非洲成为新的资金流向目的地。在此背景下，非洲外债规模开始快速增加，非洲外债问题引起国际组织、各国政府以及学者们的重点关注。基于此，本章还将针对性地分析非洲国家国际债务的历史演变及其典型特征①。

（一）非洲国家外债规模的基本情况

1. 非洲国家外债存量的总体情况

图 3-13 描绘了 1970—2022 年非洲国家外债存量及其占发展中国家外债比重的发展走势。总的来看，非洲国家外债存量呈现出以下两个特点：

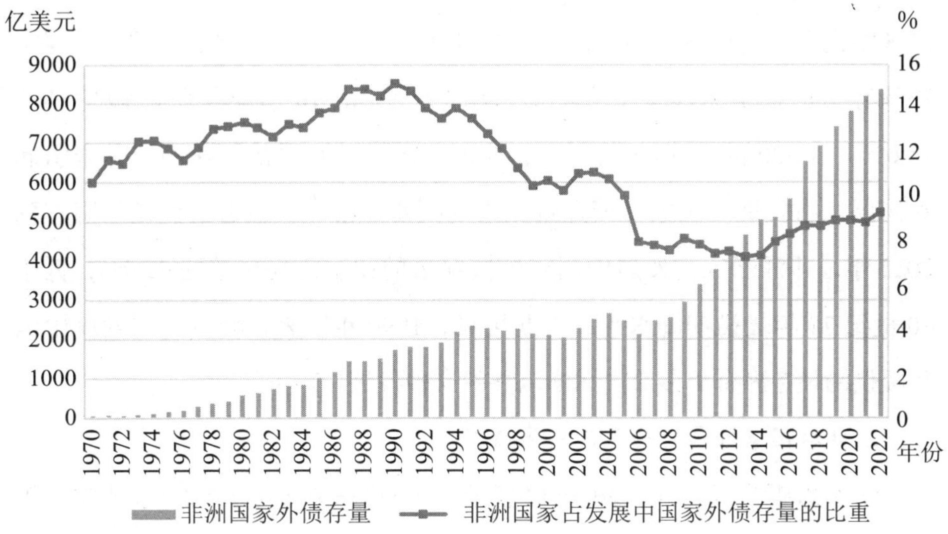

图 3-13　1970—2022 年非洲国家外债存量及其占发展中国家外债比重的情况

---

① 由于 IDS 数据库数据可得性，本章重点考察撒哈拉以南非洲国家的国际债务发展情况。除非特殊说明，本章所指非洲国家均为撒哈拉以南非洲国家。

首先，从外债存量总额来看，非洲国家外债存量总体呈快速积累态势。截至2022年，非洲国家外债存量达到8327.88亿美元，约为1970年的120倍、1980年的14倍、1990年的5倍、2000年的4倍。这一增长趋势自2008年之后表现得尤为明显。2008年至2022年间，非洲国家外债存量基本上以每年数百亿美元的规模迅速积累，特别是2017年，非洲国家的外债存量较上一年增长了近千亿美元（为941.48亿美元）。尽管2019年以来增长有所放缓，但非洲国家外债存量总额仍在持续增加。这一趋势出现的主要原因是：2008年国际金融危机后，全球市场需求大幅下降、国际大宗商品价格下跌，以大宗商品出口为主要贸易模式的非洲国家经常项目由顺差转为逆差，但与此同时，非洲国家为加快工业化发展，大幅举借外债弥补资金缺口，从而导致外债规模迅速增加（中国银行研究院课题组、陈卫东，2024）。

其次，从外债存量占比来看，非洲国家占发展中国家外债存量的比重呈现出先升后降的发展趋势。20世纪七八十年代，非洲国家占发展中国家外债存量的比重总体呈上升趋势，由1970年的10.70%上升至1990年的15.05%。自20世纪90年代以来，非洲国家外债存量的迅速积累并未引起非洲国家占发展中国家外债存量比重的同步上涨，反而开始波动下降。到2022年，非洲国家占发展中国家外债存量的比重已经调整到9.29%，低于20世纪70年代初期的水平。由此可见，1990年以来，债权国向发展中国家提供的债务融资更多流向非洲以外的其他发展中国家。

2. 非洲国家外债负担率的总体情况

由于数据的可得性，图3-14描绘了1990—2022年非洲国家外债负担率的走势图。相较而言，非洲国家外债负担率具有以下两个特点。

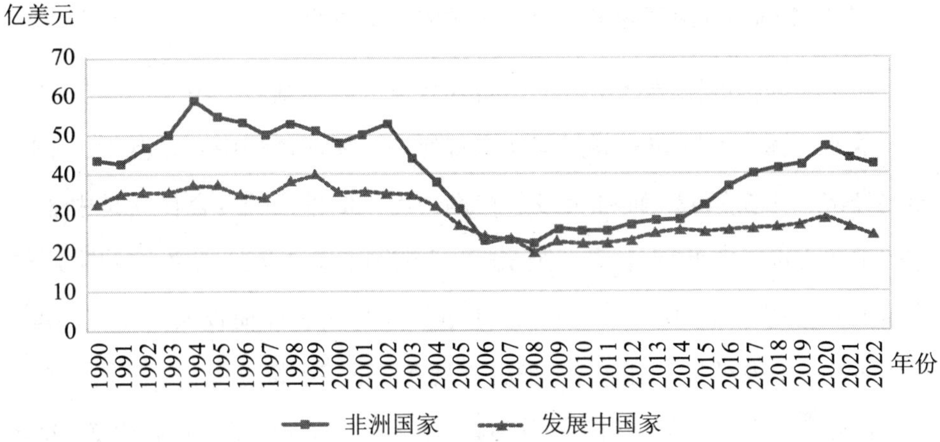

图 3-14　1990—2022 年非洲国家外债负担率情况

首先，从发展趋势来看，非洲国家外债负担率呈现出明显的波动性特征。尽管其一度降至 30% 以下，但高于 30% 才是非洲国家外债负担率的常态，非洲国家外债风险问题不容忽视。在 1990 年至 2022 年间，非洲国家外债负担率在 20% ~ 60% 的区间内大幅波动。其中，受 1996 年重债穷国倡议和 2005 年多边债务减免倡议的共同影响，非洲国家的外债负担率在 2002 年至 2008 年间大幅下降，并在 2006 年至 2014 年间降至 30% 以下。然而，这一较低水平并未得到长期维持，2008 年之后，非洲国家的外债负担率又开启了新一轮上涨趋势。

其次，从趋势比较来看，非洲国家外债负担率高于发展中国家总体水平，但二者差距呈现出先降后升的走势。在 1990 年至 2022 年间，发展中国家外债负担率基本在 20% ~ 40% 的区间范围内波动，波动幅度较非洲国家更为平缓。重债穷国倡议和多边债务减免倡议等政策性因素，不仅迅速降低了非洲国家外债负担水平，同时也大幅缩小了其与发展中国家外债负担总体水平的差距。在 2003 年至 2015 年间，非洲与发展中国家外债负担率的差距维持在 10 个百分点以内，特别是在 2006 年到 2008 年间二者基本持平。此后，非洲国家外债负担率再次与发展中国家总体水平产生偏离。

（二）中国占非洲国家外债存量比重的基本情况

同非洲国家的团结合作是中国对外政策的重要基石，也是中国长期坚定的战略选择。中国和非洲国家在实现经济发展的进程中互帮互助，不断拓展经济合作新领域，而加大发展援助力度、促进投融资合作就是中非合作的重要方面。在此背景下，中国成为非洲国家重要债权人之一。图 3–15 展示的是中国占非洲国家外债存量比重及其与代表性债权人的比较情况。相比而言，中国对非洲国家的债务融资具有以下三个特点：

首先，从发展趋势来看，中国在非洲国家的债权存量增长始于 21 世纪初期。20 世纪 70 年代至 90 年代，中国在非洲国家的债权存量基本上处于不足 20 亿美元的较低水平。进入 21 世纪以来，中国在非洲国家的外债存量开启增长态势。2006 年中非合作论坛峰会在北京召开，此次会议明确提出要扩大对非洲援助规模、提供更多优惠贷款、鼓励中国企业到非洲投资、免除部分无息贷款债务等一系列有助于推动中非新型战略伙伴关系发展的政策措施，此后，中国在非洲国家的外债存量迅猛增长。截至 2022 年，中国在非洲国家外债存量达到 812.67 亿美元，中国约占非洲国家外债存量的 1/10（为 9.76%）。

其次，从与传统多边债权人的规模对比来看，中国在非洲国家的外债存量已逐步超过 IMF，甚至一度高于世界银行。在 20 世纪 70 年代至 90 年代，中国在非洲国家的债权存量远低于以世界银行、IMF 为主要代表的传统多边债权人。截至 2000 年，世界银行在非洲的债权存量约是中国的 14 倍，IMF 在非洲的债权存量接近中国的 4 倍。在其后的 20 多年间，中国在非洲国家债权存量快速增长。自 2012 年以来，中国在非洲国家的债权存量已超过 IMF，在 2016 年至 2020 年间也曾超过世界银行。但随着增长趋势放缓，截至 2022 年，中国成为仅次于世界银行的非洲国家第二大债权国。

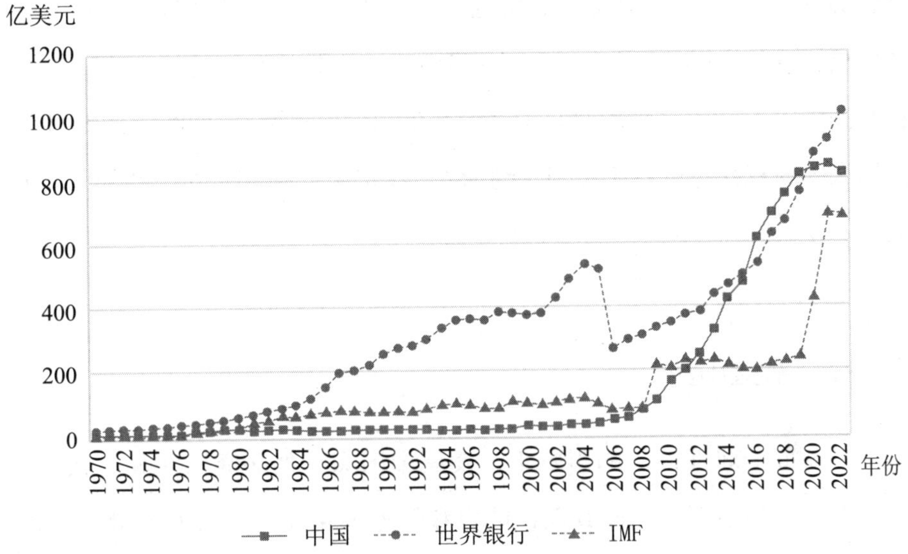

(a) 中国与代表性多边债权人的比较

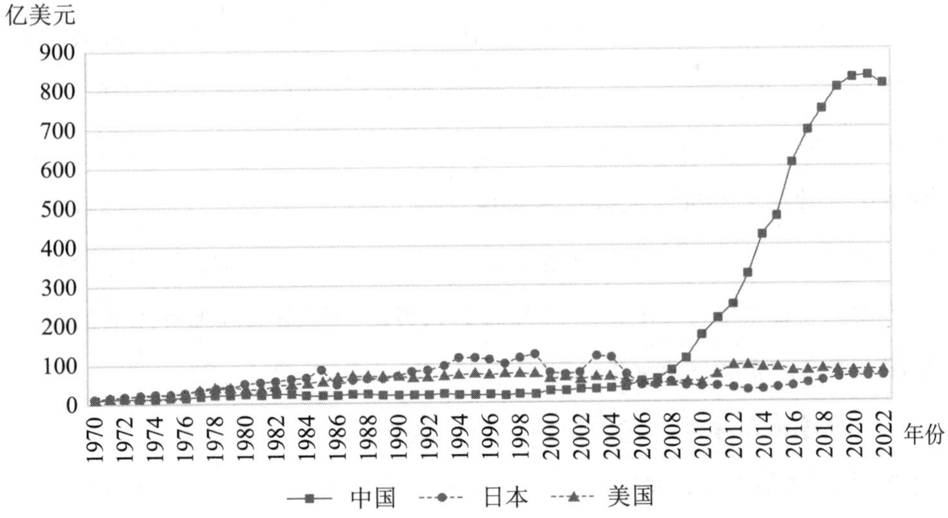

(b) 中国与代表性双边债权人的比较

图 3-15　1970—2022 年中国在非洲国家债权存量情况及与代表性债权人的比较

最后，从与传统双边债权人的规模对比来看，从 21 世纪初期开始，中国逐步远超美国和日本在非洲国家的外债存量。不同于中国持续增长的总体趋势，1970 年至 2022 年间，美国、日本两大传统双边债权国在非洲国家的债权存量基本保持稳定。在 2000 年中国债权迅速增长之前，美国和日本在非洲国家的债权存量均约是中国的 2 倍。然而，截至 2022 年，中国在非洲国家的债权存量远高于美国（约为 69.19 亿美元）和日本（约为 59.90 亿美元）。

五、本章小结

在多重全球性冲击的影响下，发展中国家正经历着大规模、快增长、高成本的债务浪潮，然而其偿债能力和债务消化能力却有所下滑。在此背景下，发展中国家面临着艰难选择：是优先偿还外债，还是投资于公共卫生、教育、环境、基础设施等关键需求领域。为了解决这一难题，明确认识发展中国家国际债务的历史演变和最新特点十分必要。正如世界银行发展数据局局长傅海珊所说："了解一个国家欠了多少钱，欠了谁的钱，对于完善债务管理以及债务可持续性至关重要。"因此，本章基于世界银行国际债务统计数据库和加拿大银行 – 英格兰银行主权债务违约数据库等数据资料，分别以全球视角和中国视角，从外债规模、外债结构、外债违约等多个维度，全面展现了 20 世纪 70 年代以来发展中国家国际债务发展的基本情况。本章的主要结论如下：

从全球视角来看，发展中国家国际债务发展呈现出以下特点：第一，自 21 世纪初期以来，发展中国家外债存量迅速增长，但以外债存量占 GNI 比重衡量的外债负担率反而有所下降，这表明发展中国家的外债积累与其经济发展水平基本相适应；第二，发展中国家外债的来源正从以美国、日本为代表的传统双边债权国向以中国为代表的新兴债权国演变；第三，发展中国家外债的流向正从低收入国家、中等偏下收入国家向中等偏上收入国家转变；第四，发展中国家面临优惠贷款比重显著下降、利息支出持续增长以及新增外债期限小幅波动的态势，这反映出发展中国家外债的融资成本有所上涨；第五，国际债务违约现象正从发展中国家逐步拓展至发达国家。

从中国视角来看，中国在发展中国家的海外债权具有以下特点：第一，21 世纪初期以来，中国对外贷款规模及其占发展中国家外债存量的比重均显著增加。经过 10 多年的发展，中国对外贷款存量略高于美国和日本，但仍远低于世界银行和 IMF。第二，中国对外贷款集中分布于非洲发展中国家，南亚和东南亚发展中国家次之，同时也广泛涵盖了南美和东欧发展中国家。第三，长期以来，较高的优惠贷款占比、较低的利息收入份额以及较长的还款期限，表明发展中国家在中国的融资成本总体低于世界水平。但自 2000 年之后，中国对外贷款的融资成本有所上涨。第四，进入 21 世纪以来，中国对外贷款违约问题频发，债务违约总额迅速增长。

聚焦非洲发展中国家，其国际债务发展呈现出以下特点：第一，非洲国家外债存量总体呈快速积累态势，但自 20 世纪 90 年代以来，非洲占发展中国家外债存量比重却在波动中下降；第二，非洲发展中国家的外债负担率高于发展中国家的总体水平；第三，自 21 世纪初期以来，中国在非洲发展中国家的外债存量远超以美国、日本为代表的双边债权国，逐步超过 IMF，甚至一度高于世界银行。

基于上述研究结论，总的来看，发展中国家外债存量的增长与其经济发展水平相适应，外债负担率处于较为合理的区间范围内。在外债风险可控的前提下，若能突破发展中国家的融资瓶颈，这些国家将呈现出巨大的经济增长潜力。这是因为不同地区的发展中国家具备可以形成优势互补的增长动力。例如，中东欧、东南亚等国工业基础较好，中东、中亚及俄罗斯能矿资源丰富，南亚国家劳动力资源优越，中东与东南亚金融深化程度较高，各区域国家之间存在较强的经济互补性。然而，资金缺口制约了发展中国家充分释放经济潜力，高昂的运营成本成为限制地区间经济往来的关键因素。在此背景下，国际资金适度流入有助于发展中国家突破融资瓶颈，激发其经济增长潜力。

第 4 章

中国对外贷款对发展中国家减贫影响的实证研究

一、引言

消除贫困是全球面临的最大挑战之一，也是可持续发展的首要目标。在过去几十年间，全球减贫事业取得了显著进展。1981 年，全球约有 44.0% 的人口生活在极端贫困线以下，2000 年这一数字降至 30% 以下（为 29.3%），2018 年进一步下降至 8.7%①。然而，新冠疫情的全球蔓延严重阻碍了实现可持续发展目标的进程，甚至可能会逆转全球在减贫方面已经取得的成就。2021 年世界银行的研究报告表明，新冠疫情导致全球经济经历了 20 世纪 90 年代以来最严重的衰退，社会弱势群体受到最严重的冲击，约有 1.2 亿人重新陷入极端贫困，1.14 亿人失去工作机会（World Bank, 2021）。这是 1990 年以来，全球贫困率首次出现增长，直接影响到 2030 年能否实现将全球极端贫困率降至 3% 以下的可持续发展目标。因此，探讨减贫问题不仅关系到发展中国家的经济社会稳定，对实现全球可持续发展目标也至关重要。

中国作为全球最大的发展中国家，始终致力于在南南合作框架下支持其他发展中国家谋求发展，并为推动全球减贫事业提出中国方案、贡献中国智慧、注入中国力量。从中国减贫实践来看，改革开放以来，中国近 8 亿贫困人口摆脱贫困，占同期全球减贫人口的 70% 以上，我国提前 10 年实现了《联合国 2030 年可持续发展议程》提出的减贫目标，显著缩小了全球贫困人口规模②，为全球减贫事业提供了经验借鉴。与此同时，我国还通过共建“一带一路”，加强与其他发展中国家在减贫领域的交流合作，以对外贷款等方式解决制约发展中国家的资金问题，致力于将“一带一路”建成

① 根据世界银行的衡量方法，每天生活费在 2.15 美元或以下的人口为极端贫困人口。数据来源于世界银行。

② 数据来源于国务院发布的《人类减贫的中国实践》白皮书，详见 https://www.gov.cn/zhengce/2021-04/06/content_5597952.htm。

“减贫之路”“增长之路”。据世界银行估计，共建“一带一路”将使相关国家 760 万人摆脱极端贫困，3200 万人摆脱中度贫困[①]。然而，随着中国对外贷款规模持续增长，国内外学者围绕中国对外贷款是否忽略发展中国家可持续发展（Soyres et al.，2019；Morris and Plant，2019）、是否加剧发展中国家债务风险（Hurley et al.，2018；Eom et al.，2018；Brautigam et al.，2020）以及是否增加发展中国家融资成本（Morris et al.，2020；Gelpern et al.，2021）等问题展开了激烈的讨论，但尚未达成共识。因此，定量评估中国对外贷款对债务国减贫的作用效果，对客观认识中国对外贷款的发展有效性、回应“债务陷阱”等误导性国际舆论，具有重要理论和现实意义。

本章利用 2000—2022 年全球 92 个发展中国家的中国对外贷款存量数据和贫困数据，实证检验中国对外贷款推动债务国减贫的作用效果及其路径机制。研究发现，中国对外贷款有利于发展中国家实现减贫目标，促进经济增长是中国对外贷款发挥债务国减贫效应的有效渠道，特别是促进国内投资和国内消费增长方面表现突出。然而，中国对外贷款并未有效提升低收入群体的收入比重，这在一定程度上抵消了经济增长机制的作用效果。进一步研究发现，中国对外贷款有利于发展中国家在收入维度实现减贫，但其在推动健康和教育维度减贫方面的作用效果并不明显，关注女性减贫效果有助于解决这一问题。中国对外贷款在推动极端贫困发展中国家减贫方面能够发挥更大的作用，从而避免发展中国家之间贫困程度出现两极分化。此外，中国对外贷款在推动“一带一路”共建国家减贫方面也能发挥更大作用。

与已有研究相比，本章的边际贡献主要体现在以下三个方面：①不同

① “一带一路”网 . 共建“一带一路”让沿线数千万民众有了脱贫希望 [EB/OL].（2021−11−30）[2025−01−14]. http://ydyl.china.com.cn/2021−11/30/content_77901422.htm.

于已有研究关注国际援助的经济影响，本章聚焦于中国对外贷款问题，以减贫这一可持续发展首要目标为切入点，实证检验中国对外贷款对发展中国家减贫的影响，并着力解决内生性等问题，以规避定性分析可能产生的结论偏差。因此，本书研究成果有助于丰富和完善关于中国对外贷款经济影响问题的研究文献。②已有研究多从收入维度量化一国的贫困程度，然而，联合国官方定义强调贫困涵盖收入、教育、社会等多个维度，基于收入水平构建的贫困指标难以准确衡量一国真实贫困水平。本章采用的人类发展指数综合考虑了一国收入、健康、教育等多维度的贫困情况，由此得出的研究结论有助于全面、准确地评估中国对外贷款对发展中国家减贫的作用效果。③本章不仅基于“债务—增长—减贫”的理论框架，实证检验了中国对外贷款影响发展中国家减贫的作用机制，还将经济增长细分为国内投资、国内消费和净出口三个方面，这是对“债务—增长—减贫”理论框架的深化和拓展。总的来看，本章的研究一方面丰富了国际债务领域的研究文献，另一方面也为回应与中国对外贷款相关的负面国际舆论提供了经验证据。

本章余下部分的结构安排如下：第二部分是文献综述；第三部分是理论机制分析，并提出理论假设；第四部分是计量模型设定与数据说明；第五部分是实证结果及分析；第六部分对理论机制进行了实证检验；第七部分是拓展性分析；最后在第八部分总结本章研究结论并提出政策建议。

二、文献综述

国际债务和国际援助都是开放经济条件下解决发展中国家资金短缺问题的重要方式，且二者同属于债务型融资，在统计中还存在优惠贷款这一小部分重叠情况。鉴于与国际债务减贫效应直接相关的文献较少，本章将重点梳理国际援助对受援国减贫影响的研究文献，并在此基础上分析国际债务和国际援助减贫效应的潜在差异性。具体如下：

（一）国际援助对受援国减贫影响的相关研究

从理论分析来看，已有文献的基本思路是国际援助会通过促进受援国的经济增长进而缓解其贫困程度，也就是说，减贫是国际援助经济增长效应的后续结果（Dhahri and Omri，2020；Mahembe and Odhiambo，2021；杨攻研等，2021）。因此，国际援助发挥受援国减贫效应的关键环节在于国际援助是否有助于受援国宏观经济增长（Alvi and Senbeta，2012）。虽有针对"援助—增长"关系的实证研究证实了上述观点的合理性，但部分学者质疑国际援助能否促进经济增长（Easterly et al.，2004；Rajan and Subramanian，2007），这表明"援助—增长—减贫"的理论框架可能无法成立。

从经验证据来看，已有研究主要采用国家层面面板数据，大多证实了国际援助对发展中国家减贫具有积极作用，并进一步指出这一积极作用会因国际援助类型及其构成而呈现出异质性。具体而言：一方面，从援助类型来看，国际援助能否有效改善受援国贫困问题取决于资金流向的生产领域。例如，Dhahri 和 Omri（2020）基于 1995—2015 年全球 50 个发展中国家的面板数据，研究发现社会基础设施援助和非投资援助显著降低了受援国贫困程度，但投资援助和农林牧渔援助对降低贫困作用不显著。Gnangnon（2021）则聚焦于促贸援助的减贫效应，基于 2002—2017 年全球 100 个受援国面板数据研究发现，促贸援助通过促进受援国出口产品多样化进而发挥了减贫作用。另一方面，从援助构成来看，国际援助的来源国结构和资金结构是影响国际援助减贫效应的重要因素。例如，Alvi 和 Senbeta（2012）基于 1981—2004 年全球 79 个国家的面板数据研究发现，国际援助发挥了减贫效应，但多边援助和赠款在减贫方面比双边援助和贷款表现更佳，这一观点也得到Mahembe和Odhiambo（2021）研究结论的验证。Mahembe和Odhiambo（2021）重点关注了44个非洲国家的贫困问题，验证了国际援助有效推动了非洲国家减贫，其中，官方发展援助、赠款和多边援助的减贫效应最为明显。此外，也有研究考察了国际援助对受援国收入不平等的影响。例如，Kasuga和Morita（2018）根据1996—2014年34个国家的面板数据研究发现，国际援助有助于缓解受援国收入不平等。类似地，Gnangnon（2021）针对促贸援助的研究也发现，促贸援助抑制了收入不平等引起的贫困效应，并在财政再分配程度较高的国家实现了更大程度的减贫。

相比国外研究，国内学者针对国际债务减贫效应的研究十分有限，但为数不多的研究为评价中国对外援助在改善受援国贫困方面的有效性提供了重要参考。从定性研究来看，王志章和郑时彦（2018）指出，中非双方反贫困合作具有顶层设计明确、领域不断拓宽、合作机制日益完善的特点，但仍存在非洲国家反贫困内生动力不足、合作路径有待优化等困境。从经验研究来看，张原（2018）考察了中国对外援助对“一带一路”共建国家贫困的影响，结果表明中国援助增加有助于降低共建国家贫困率，这一效应主要通过增加资本形成额和创造就业两种渠道发挥作用，此外，依托基础设施投资构建的开发式减贫比转移支付型援助具有更好的减贫效果。杨攻研等（2021）的研究得出了类似的结论，并进一步指出，具有中国特色的经济基础设施援助对受援国减贫起到了决定性作用，除经济渠道外，改善发展中国家国内安全局势也是减贫效应发挥作用的政治渠道。

（二）国际债务与国际援助减贫效应的差异性分析

尽管已有研究普遍证实了国际援助有助于受援国实现减贫目标，但

“援助—增长—减贫”这一理论框架在用于分析国际债务减贫效应问题时，仍有待实证检验（Mahembe and Odhiambo，2021）。其原因主要体现在以下三个方面：

首先，较高的融资成本可能削弱国际债务对债务国的经济促进作用。国际援助与国际债务的主要区别之一在于融资成本。一方面，从官方定义来看，OECD 对官方发展援助的定义突出强调了融资成本问题。OECD 在 2017 版定义中指出，官方发展援助（Official Development Assistance，ODA）应满足赠款占比不低于 25%，2018 版定义进一步强调，向低收入国家提供的 ODA 应满足赠款占比不低于 45%[①]。另一方面，从资金构成上来看，国际援助主要包括赠款、中长期无息或低息贷款，受援国本息偿还压力较小。相比而言，国际债务包括需要偿还的本金及需支付的利息，融资成本更高。债务国以优惠条件获得的融资可以减轻未来的还本付息压力，从而有助于发展中国家经济增长（Morris et al.，2020），这一观点也得到了经验数据的支持（Alvi and Senbeta，2012；Mahembe and Odhiambo，2021）。

其次，已有研究在国际债务能否促进债务国经济增长这一问题上存在观点分歧，这直接关系到“债务—增长—减贫”框架成立与否。例如，程宇丹和龚六堂（2015）研究发现，发展中国家的外债对本国经济增长会产生显著的倒“U”形影响，而 Wang 等（2021）却持有不同观点，认为发展中国家的外债导致其国内经济增长放缓。但是，如果将研究关注点聚焦于

① 根据 OECD 2018 年的定义，官方发展援助应同时满足以下三个条件：（1）由官方政府机构出资；（2）旨在促进发展中国家经济发展和福利水平提升；（3）贷款条件具有优惠性，其中向低收入国家、中低收入国家和中高收入国家提供的 ODA 要求赠款占比分别应不低于 45%、15% 和 10%。详细定义可查阅 https://www.oecd.org/dac/financing-sustainable-development/development-finance-standards/officialdevelopmentassistancedefinitionandcoverage.htm。

中国对外贷款，熊婉婷等（2023）发现，中国对外贷款能显著促进债务国经济增长，而美国和世界银行的贷款效果则不佳。

最后，国际债务具有融资规模庞大、资金使用灵活等有利于债务国可持续发展的特点。据世界银行估计，发展中国家实现2030年可持续发展目标的外部融资需求，预计在2023年至2025年间将达到4290亿美元（World Bank，2021），这表明资金规模及其稳定性对债务国实现可持续发展目标的重要性。国际债务兼顾了债权国和债务国双方经济利益，更有可能为发展中国家提供长期稳定的资金来源，这将有利于发展中国家实现可持续发展目标。此外，受援国对国际援助资金投向缺乏决定权，可能出现援助资金使用效率低等问题（熊婉婷等，2023），这也凸显了国际债务这种市场化的借贷行为的优势。

总之，国际债务与国际援助在促进发展中国家减贫方面各具优势与不足，基于国际援助数据得到的研究结论难以直接用于分析国际债务的减贫效应。此外，中国作为发展中国家和新兴债权国，其在南南合作框架下提供的对外贷款同样有别于传统债权国。那么，中国对外贷款究竟能否促进发展中国家减贫？其影响机制体现在哪些方面？以上问题均难以从已有研究中找到明确答案。基于此，本章采用2000—2022年全球92个发展中国家的数据，实证检验中国对外贷款促进发展中国家减贫的实际效果及其路径机制。

三、理论分析与研究假设

本章沿用“援助—增长—减贫”这一理论分析框架，结合中国对外贷款的特点，剖析中国对外贷款影响发展中国家减贫的理论机制。然而，该理论框架建立在以下两个前提条件之上：一是国际债务是否会促进发展中国家经济增长；二是国际债务是否能惠及贫困人口，因为收入不平等加剧可能会抵消国际债务的减贫成效。因此，中国对外贷款影响发展中国家减贫的理论机制可归纳为经济增长效应和收入分配效应两个方面。具体如下：

（一）经济增长效应

国际债务影响债务国减贫的第一个机制为经济增长机制。持续稳定的增长是消除贫困的基础性条件（Kose et al.，2020）。其原因在于，经济增长会产生惠及贫困人口的“涓滴效应”（Trickle-down Theory），国际债务减轻债务国贫困的主要根源在于经济增长（Dollar and Kraay，2002）。

国际债务对债务国经济增长的影响主要体现在以下三个方面：首先，国际债务融资弥补了发展中国家公共部门投资的资金缺口，并通过财政乘数效应作用于债务国经济增长（Kose et al.，2020），这对于有较大基础设施建设需求的发展中国家而言尤为重要。据估计，2015—2030 年发展中国家为实现可持续发展目标，每年投资总需求为 15 亿 ~ 27 亿美元，占 GDP 的 4.5% ~ 8.2%（Rozenberg and Fay，2019）。其次，政府举债为国内消费支出提供了资金，在短期内有助于刺激国内总需求（Chudik et al.，2017）。跨期消费理论为解释债务对跨期消费的影响奠定了理论基础。一方面，当期债务能够扩张当期的收入预算约束线，提高当期购买力；另一方面，当期的债务需要在未来偿还，这可能会抑制未来的消费（Fisher，1930）。最后，国际债务可能通过多种渠道推动债务国和债权国双边出口增长，但其对债务国净出口的影响存在不确定性。一方面，国际债务可能通过提振债务国进口需求（陈波等，2014）、国家友好效应（张克中、张文涛，2022）、附带出口条件（Liu and Tang，2018）等方式促进债权国对债务国出口增长；另一方面，国际债务会通过提升生产能力（徐丽鹤等，2020）、改善国内营商环境（孙楚仁等，2020）等方式促进债务国向债权国的出口扩张。此外，国际债务若流向基础设施建设等公共部门，不仅对当地经济发展有显著的直接促进作用，而且有利于促进区域经济一体化，贸易成本削减效应有助于双边出口增长（Calì and Velde，2011；许志成、张宇，2021）。基于此，国际债务对债务国净出口的影响取决于债务国出口增长效应和债权国出口增长效应的相对大小。

特别是中国对外贷款具有资金规模庞大、生产性贷款占比高、资金流稳定、顺周期性弱等特征，这使其在推动债务国经济增长方面更具优势。一方面，基础设施建设是共建“一带一路”的关键领域和核心环节，中国对外贷款更愿意为发展中国家亟须的基础设施项目提供资金支持，并通过设施联通为其他发展中国家注入增长新动力；另一方面，铁路、公路、港口等基础设施建设项目通常投资投入大、建设周期长、资金回收慢，且投资风险较高，因此，具有一定规模优势的中国对外贷款更适合为长期基础设施建设提供耐心资本。基于上文分析，本章提出如下假设。

假设 4-1：中国对外贷款对债务国经济增长的影响主要表现为促进作用，进而有利于债务国实现减贫目标。

假设 4-2：中国对外贷款对债务国国内投资、国内消费和净出口的影响存在差异性。其中，中国对外贷款对债务国国内投资和国内消费的影响主要表现为促进作用，但是，其对债务国净出口的影响则存在不确定性。

（二）收入分配效应

国际债务影响债务国减贫的第二个机制是收入分配机制。除较低的人均收入水平外，收入分配的高度不平等也是导致发展中国家存在大量贫困人口的重要原因之一。即使国际债务有助于债务国经济增长，也并不意味着贫困人口能够从中受益（Kasuga and Morita，2018）。因此，国际债务能否促进发展中国家债务国实现减贫目标，还取决于其对收入分配的影响。

国际债务可能对债务国收入分配产生不确定性影响。一方面，在产权制度不完善、腐败程度较高以及信贷机制不完备的发展中国家，债务融资流入可能更多地向富人倾斜，难以惠及贫困群体（Burnside and Dollar，2000），从而造成收入分配更加不均衡。此外，库兹涅茨曲线表明，当一个国家（或地区）经济发展水平较低时，收入分配差距会随经济增长而逐渐扩大，因此，国际债务在推动发展中国家经济增长的同时，也可能导致其收入分配差距拉大。另一方面，国际债务引致的贸易扩张有助于可贸易部门收入增长（Gnangnon，2021）。贫困人口接受的教育和培训有限，一般属于非熟练劳动力，该部分劳动力多集中在农产品、制造业等可贸易部门就业（Oumar，2007）。在这种情况下，国际债务可能有助于改善债务国的收入分配差距。此外，中国通过大规模基础设施援建为债务国提供了额外就业机会，失业人口减少和非熟练劳动力收入的增加都将有助于缓解债务国的收入差距。基于上文分析，本章提出如下假设。

假设 4-3： 中国对外贷款会通过收入分配渠道影响债务国减贫，然而，其影响方向却存在不确定性。

四、模型设定与数据说明

（一）模型设定

本章借鉴 Dhahri 和 Omri（2020）的做法，构建如下计量模型检验中国对外贷款对债务国减贫的影响：

$$hdi_{it} = \alpha_0 + \alpha_1 \ln chn\_debt_{it-1} + \alpha_2 X_{it-1} + \gamma_i + \gamma_t + \varepsilon_{it} \tag{4-1}$$

在式（4-1）中，下标 i、t 分别表示国家和年份；α_i 表示估计系数；

hdi_{it} 为本章被解释变量，即各国贫困水平；$\ln chn\_debt_{it-1}$ 为本章解释变量，即中国向 i 国提供的对外贷款规模；X_{it-1} 表示控制变量的集合；γ_i 和 γ_t 分别表示国家固定效应和年份固定效应，分别用以控制不随时间变化的国家层面因素和时间趋势项对各国减贫的影响；ε_{it} 表示随机扰动项。此外，考虑到解释变量和控制变量对债务国贫困的影响可能存在时间滞后效应，因此，本章在估计时均采用上述变量的一阶滞后项。各变量的具体情况如下：

1. 被解释变量

本章的被解释变量为 i 国 t 年的贫困程度，采用联合国开发计划署（United Nations Development Programme，UNDP）公布的人类发展指数（Human Development Index，HDI）（hdi_{it}）衡量。如表 4-1 所示，HDI 从健康、教育和收入三个维度测度一国的贫困水平。该指标的取值范围为 [0,100]，数值越接近于 0，表示该国贫困程度越高；越接近于 100，则表示该国贫困程度越低。

本章选取 HDI 衡量一国贫困程度的合理性及其优势在于：首先，HDI 能够更加全面地反映一国贫困水平。根据联合国定义，贫困不仅指缺乏收入和资源导致难以维持生计，还表现为饥饿和营养不良、无法充分获得教育和其他基本公共服务、受社会歧视和排斥以及无法参与决策[①]。HDI 的构建综合考虑了上述各维度的发展情况，因而在衡量一国贫困水平方面更具优势。其次，HDI 数据更具完整性。既有研究大多沿用世界银行公布的贫困数据（张原，2018；杨攻研等，2021；Dhahri and Omri，2020；Mahembe and Odhiambo，2021），分别以每日生活费低于 2.15 美元、3.65 美元或 6.85 美元作为衡量贫困人口的标准，进而统计一国贫困人口占总人口的比重，并以此衡量一国贫困率。但是，该指标仅从收入这一单一维度进行量化，

① 联合国对可持续发展目标的定义可参见 https://www.un.org/sustainabledevelopment/zh/sustainable-development-goals/。

不仅在衡量一国贫困程度方面存在明显偏差，还存在数据缺失严重等问题。

表 4–1　HDI 指标测度方法

一级指标	人类发展指数（HDI）			
二级指标	维度 1：健康维度	维度 2：教育维度		维度 3：收入维度
	生活预期指数	教育指数		GNI 指数
量化指标	预期寿命	预期受教育年限	平均受教育年限	人均 GNI（PPP $）

资料来源：联合国开发计划署，2020 HDR Technical Note，Available from: https://hdr.undp.org/sites/default/files/data/2020/hdr2020_technical_notes.pdf。

为了进一步证明 HDI 用以衡量债务国贫困水平的合理性，本章展示了 HDI 与世界银行贫困率指标的散点图。本章分别采用每日生活费低于 2.15 美元、3.65 美元或 6.85 美元作为判断贫困人口的标准，图 4–1 显示，HDI 与贫困率拟合曲线向下倾斜的走势均证明了二者之间存在明显的负相关关系，即一国 HDI 越高，该国贫困程度越低。如果中国对外贷款有助于债务国 HDI 增长，则表明中国对外贷款具有债务国减贫效应。

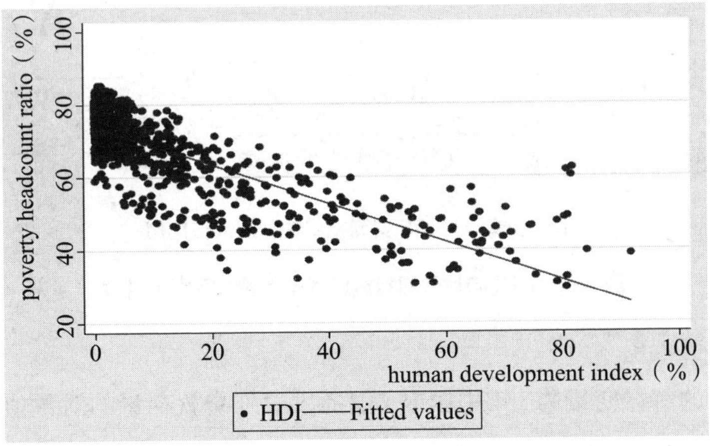

(a) 按每天 2.15 美元衡量的贫困人口比例

图 4–1　HDI 与世界银行贫困率指标关系示意图

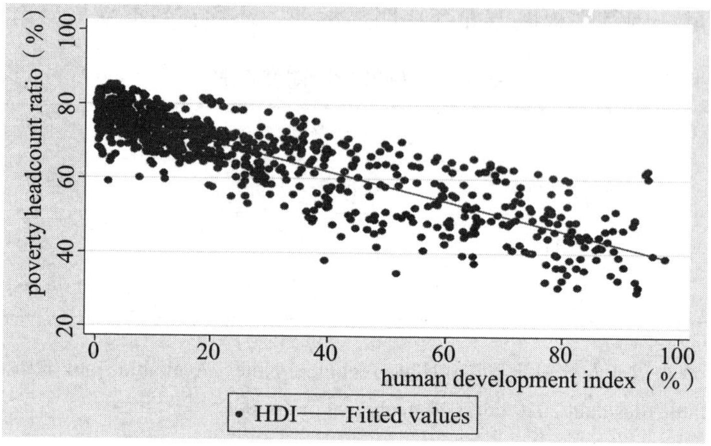

（b）按每天 3.65 美元衡量的贫困人口比例

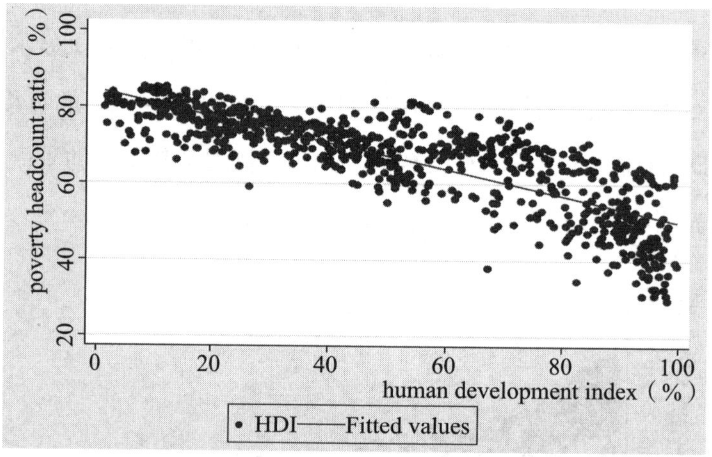

（c）按每天 6.85 美元衡量的贫困人口比例

图 4-1 HDI 与世界银行贫困率指标关系示意图（续）

2. 解释变量

本章的解释变量为 t 年中国向 i 国提供对外贷款存量的对数值（$lnchn\_debt_{it}$）。为了避免零值对数化影响实证结果的准确性，本章对该变量加 1 后再取对数。

3. 控制变量

本章从经济因素、教育因素和政治因素三个视角选取控制变量，包括：①资源充裕度：本章从物质资本、人力资本和能源储备三个角度，选择以下三个指标衡量一国资源充裕度。一是物质资本（$\ln kl_{it}$），采用物质资本存量的对数值加以衡量；二是人力资本（$human\_capital_{it}$），采用联合国贸发会议数据库公布的各国人力资本指数来衡量；三是能源储备（$energy\_capital_{it}$），依据联合国贸发会议数据库公布的各国能源储备指数来衡量。②产业结构（ind_gdp_{it}），采用工业总产值占 GDP 比重来衡量。工业化和城市化能够通过吸纳农村剩余劳动力，有力地促进一国贫困率的下降。③外资开放度（$\ln ofdi_{it}$），采用一国外商直接投资存量加 1 后的对数值来衡量。一方面，一国外资开放度越高，越有利于国际债务的流入；另一方面，国际投资和国际债务均属于国际资本的流入，二者都是影响债务国贫困的重要因素。④基础教育水平（$primary_{it}$），采用各国基础教育入学率来衡量。接受过基础教育的劳动者有利于实现就业并增加收入，进而摆脱贫困。⑤制度质量（wgi_{it}），基于世界银行世界治理指数，采用话语权和责任、政治稳定性和不存在暴力或恐怖主义、政府效率、监管质量、法治以及腐败管控六项指标的均值衡量一国制度质量。该指标取值范围为[−2.5, 2.5]，数值越大表示该国制度越完善，良好的国内政治制度为一国实现减贫目标提供了有利的宏观环境。

（二）数据说明

本章所用的各国获得中国对外贷款存量数据来源于 IDS 数据库，该数据库详细统计了全球中低收入国家的外债数据。此外，本章所用的 HDI 来源于 UNDP 公布的《人类发展报告》（*Human Development Report*），该报告持续跟踪了全球 190 多个国家（或地区）的健康、教育和收入情况，从而综合反映一国的贫困程度。基于各变量的数据可得性，本章考察的样本国家包括 2000—2022 年全球 92 个发展中国家。表 4-2 报告了各变量的描述性统计及数据来源情况。

表 4-2　变量说明及数据来源

变量名称	数据说明及来源	均值	标准差	最小值	最大值
hdi	人类发展指数，UNDP 数据库	60.50	13.27	26.60	85.50
ln*chn_debt*	中国对外贷款存量加 1 后的对数值，IDS 数据库	18.13	3.85	0	24.00
ln*capital*	资本存量的对数值，世界银行数据库	22.21	1.82	17.30	27.30
human_capital	人力资本指数，UNCTAD 数据库	33.11	12.15	2.50	58.50
energy_capital	能源储备水平，UNCTAD 数据库	39.31	19.41	1.0	75.20
ind_gdp	工业总产值占 GDP 的比重，世界银行数据库	26.05	9.11	5.19	66.18
ln*ofdi*	OFDI 存量的对数值，UNCTAD 数据库	8.53	1.88	2.20	13.69
wgi	世界治理指数六项细分指标的均值，世界银行 WGI 数据库	−0.50	0.51	−1.73	0.87
primary	基础教育入学率，世界银行数据库	101.89	16.50	34.75	214.67

注：由于世界银行统计的是毛入学率，所以会出现入学率超过 100% 的样本。毛入学率是指某学年度某级教育在校生数占相应学龄人口总数比例。

五、实证结果及分析

（一）基准估计结果

表 4–3 第（1）列和第（2）列是中国对外贷款对发展中国家减贫影响的基准估计结果。本章在回归方程中首先仅控制中国对外贷款这一因素的影响，同时加入国家固定效应和年份固定效应。表 4–3 第（1）列所示结果表明，中国对外贷款这一变量的估计系数为正，且在 1% 的置信水平上通过了显著性检验。表 4–3 第（2）列是加入所有控制变量和固定效应后的估计结果，从表中可以看出，中国对外贷款这一变量的估计系数在 10% 的置信水平上显著为正，这表明中国对外贷款是推动债务国减贫的重要因素。从经济显著性来看，中国对外贷款规模每增加一个单位标准差，债务国贫困水平平均降低 0.0186%，能够解释样本均值的 0.12%（=0.0186 × 3.85/60.50 × 100%）[①]。

表 4–3　基准估计与内生性处理结果

变量名称	基准估计结果		内生性处理结果	
	OLS	OLS	2SLS 第一阶段	2SLS 第二阶段
	（1）	（2）	（3）	（4）
ln*chn_debt*	0.0346^{***} （3.09）	0.0186^{*} （1.82）		0.0278^{**} （2.07）
ln*iron*×*chn_debt_share*			2.1034^{***} （22.95）	
ln*capital*		0.3568^{***} （3.69）	-1.0162^{***} （−5.10）	0.3508^{***} （3.62）

① 经济显著性的计算公式为：回归系数 × 解释变量标准差 / 被解释变量均值 ×100%。下文计算方法均同。

续表

变量名称	基准估计结果		内生性处理结果	
	OLS	OLS	2SLS 第一阶段	2SLS 第二阶段
	(1)	(2)	(3)	(4)
human		0.3409***	−0.0659**	0.3402***
		(16.29)	(−2.10)	(16.43)
energy		0.0724***	−0.0076	0.0727***
		(5.35)	(−0.47)	(5.38)
ind_gdp		0.0567***	−0.0626***	0.0567***
		(6.35)	(−3.96)	(6.35)
ln*ofdi*		−0.0182	0.4350***	−0.0228
		(−0.24)	(3.06)	(−0.30)
primary		0.0154***	0.0026	0.0159***
		(3.98)	(0.43)	(4.12)
wgi		0.4532**	−0.2020	0.4570**
		(2.38)	(−0.73)	(2.40)
国家固定效应	控制	控制	控制	控制
年份固定效应	控制	控制	控制	控制
Kleibergen-Paap rk LM statistic	—	—	—	114.807 [0.000]
Kleibergen-Paap rk Wald F statistic	—	—	—	526.518
样本量	2072	1484	1484	1484
R^2	0.9846	0.9945	—	0.3655

注：括号内数值为聚类到国家层面的稳健标准误。*、**、*** 分别表示在 10%、5% 和 1% 的水平上显著。本章以下表格均同。

（二）内生性处理

在本章的研究中，中国对外贷款这一变量可能是内生变量，主要是因为贫困程度越高的发展中国家获得中国资金支持的可能性越大。《中国的对外援助（2014）》白皮书指出，中国坚持在南南合作框架下支持和帮助其他发展中国家，特别是帮助最不发达国家减少贫困、改善民生。因此，本章采用以下两种方法解决反向因果关系导致的内生性问题：

一是本章采用各国获得中国对外贷款存量的一期滞后项作为核心解释变量。由于债务国当期的贫困程度不会对前期中国对外贷款存量这一既定事实产生影响，该方法能够在一定程度上克服双向因果关系引起的内生性问题。

二是本章借鉴 Dreher 等（2021）的思路，构建中国钢铁产量（$\ln rion_t$）与各国获得中国对外贷款份额（$chn\_debt\_share_{it}$）的交互项作为工具变量，运用两阶段最小二乘估计（Two Stage Least Square，2SLS）解决内生性问题。该工具变量的合理性在于：相较于传统债权国，中国对外贷款具有生产性贷款占比高的特点，且更注重大规模基础设施援建，这与钢铁产量密切相关；而各国获得中国对外贷款存量占当年中国对外贷款总量的比重，反映了中国对各国的资金支持力度，因而满足工具变量相关性要求。同时，来自中国层面的因素不会直接影响债务国减贫，从而满足工具变量的外生性要求。

表 4–3 第（3）列和第（4）列展示了中国对外贷款对债务国减贫影响的内生性处理结果。2SLS 第一阶段的估计结果表明，工具变量与中国对外贷款存量在 1% 置信水平上显著正相关，这表明本章选取的工具变量是有效的（见表 4–3 第（3）列）。2SLS 第二阶段的估计结果表明，中国对外贷款对债务国减贫具有显著的积极作用（见表 4–3 第（4）列）。从经济显著

性来看，中国对外贷款规模每增加一个单位标准差，债务国贫困水平平均降低 0.0278%，能够解释样本均值的 0.18%（=0.0278 × 3.85/60.50 × 100%）。此外，Kleibergen-Paap rk LM 统计量的 p 值反映出，其在 1% 显著性水平拒绝了“工具变量识别不足”的原假设，Kleibergen-Paap rk Wald F 统计量在各模型中均大于 Stock-Yogo 检验在 10% 显著性水平上的临界值，说明不存在弱工具变量问题。

（三）稳健性检验

为了确保核心研究结论的可靠性，本章从更换解释变量衡量方法、更换内生性处理方法、排除特定因素和特定样本的影响等多个视角，对基准估计结果进行稳健性检验。具体如下：

1. 更换解释变量的衡量方法

本章采用以下两个指标作为替代解释变量：（1）中国对外贷款存量占债务国 GDP 比重（$debt\_gdp_{it}$），该指标衡量的是中国对外贷款相对于发展中国家经济增长水平的规模大小；（2）各国是否获得中国对外贷款的虚拟变量（dum_debt_{it}），以此检验获得中国对外贷款的国家在减贫效果上是否更优。表 4-4 第（1）列和第（2）列展示了基于替代核心解释变量的稳健性检验结果。可以看出，上述两个替代解释变量的估计系数均为正值，且均在 5% 的置信水平上通过检验，这表明调整中国对外贷款衡量指标不会影响本章的基准研究结论。

2. 更换内生性处理方法

在稳健性检验部分，本章采用中国外汇储备（$\ln reserve_t$）与各国获得中国对外贷款存量的份额（$chn\_debt\_share_{it}$）的交互项作为替代工具变量。外汇储备是衡量国家经济实力的重要组成部分，庞大的外汇储备为中国对外贷款提供了坚实的资金支持，使中国有能力向其他发展中国家提供贷款，且那些与中国具有良好合作关系的发展中国家获得中国资金支持的份额可能更高，因而满足工具变量的相关性要求。同样地，中国层面的第三方因素不会直接对发展中国家减贫产生影响，从而满足工具变量的外生性要求。表 4-4 第（3）列和第（4）列是更换工具变量后的内生性处理结果。2SLS 第一阶段估计结果表明，工具变量与中国对外贷款存量在 1% 的置信水平上显著正相关，这表明替代工具变量是有效的。2SLS 第二阶段估计结果则表明，中国对外贷款存量这一变量的估计系数在 5% 的置信水平上显著为正，这表明更换内生性处理方法不会影响核心研究结论。

表 4-4　基于替代核心变量的稳健性检验结果

变量名称	替代核心解释变量		替代工具变量	
	中国对外贷款存量占 GDP 比重	是否获得中国对外贷款	2SLS 第一阶段	2SLS 第二阶段
	（1）	（2）	（3）	（4）
debt_gdp	0.0676** （2.01）			
dum_debt		0.6994** （2.05）		
ln*reserve*×*chn_debt_share*			2.1974*** （19.12）	
ln*chn_debt*				0.0309** （2.09）
控制变量	控制	控制	控制	控制
国家固定效应	控制	控制	控制	控制
年份固定效应	控制	控制	控制	控制

续表

变量名称	替代核心解释变量		替代工具变量	
	中国对外贷款存量占 GDP 比重	是否获得中国对外贷款	2SLS 第一阶段	2SLS 第二阶段
	（1）	（2）	（3）	（4）
Kleibergen-Paap rk LM statistic	190.776 [0.000]	60.451 [0.000]	—	124.208 [0.000]
Kleibergen-Paap rk Wald F statistic	156.920	131.372	—	365.472
样本量	1484	1484	1484	1484
R^2	0.3414	0.3618	—	0.3651

3. 排除其他债权人的影响

为了排除其他债权人的影响，本章在基准估计中引入各国来自中国以外其他债权人外债存量的对数值（$\ln other\_debt_{it}$）作为额外控制变量。为了避免零值的影响，本章对该变量加 1 后再取对数值。表 4-5 第（1）列显示的是排除其他债权人影响后的稳健性检验结果。可以看出，中国对外贷款这一变量的估计系数在 10% 的置信水平上显著为正，这表明一国来自其他债权人的贷款不会抵消中国对外贷款的债务国减贫效应。

4. 排除变量异常值的影响

为了避免变量异常值影响实证结果，本章对各变量进行 1% 的缩尾处理，进而重新估计中国对外贷款的债务国减贫效应。表 4-5 第（2）列显示的是排除变量异常值后的稳健性检验结果。可以看出，本章基准结论具有较强的稳健性，不会受到变量异常值的干扰。

5. 排除特定国家样本的影响

为了避免研究结论由特定国家主导，本章采取以下两种方法排除特定样本国家的影响：一是剔除样本期内中国对外贷款规模最大的两个国家，即巴基斯坦和安哥拉；二是剔除样本期内贫困程度最高的两个国家，即中非和乍得。表 4–5 第（3）列和第（4）列显示的是排除特定国家样本后的稳健性结果。可以看出，本章基准结论不会受到特定样本国家的影响，具有较强的稳健性。

表 4–5　基于不同研究样本的稳健性检验结果

变量名称	排除其他债权人的影响	排除异常值的影响	排除前两大债务国	排除贫困程度最高的两个国家
	（1）	（2）	（3）	（4）
ln*chn_debt*	0.0242*	0.0231*	0.0275**	0.0290**
	（1.84）	（1.73）	（2.04）	（2.06）
ln*other_debt*	0.5579***			
	（8.29）			
控制变量	控制	控制	控制	控制
国家固定效应	控制	控制	控制	控制
年份固定效应	控制	控制	控制	控制
Kleibergen-Paap rk LM statistic	114.912 [0.000]	113.986 [0.000]	113.625 [0.000]	113.607 [0.000]
Kleibergen-Paap rk Wald F statistic	528.372	523.862	528.142	500.340
样本量	1484	1484	1453	1457
R^2	0.3934	0.3594	0.3730	0.3682

六、影响机制检验

本章第二个核心问题是探究中国对外贷款将通过何种机制影响债务国减贫。对影响机制的检验，有助于厘清中国对外贷款影响债务国减贫的经济根源。基于前文理论分析，本章实证检验经济增长机制和收入分配机制的有效性。具体如下：

（一）经济增长机制的检验

国际债务为发展中国家经济增长提供了额外的资金资源，这对于普遍面临资金缺口的发展中国家而言至关重要。国际债务通过刺激国内投资和国内消费，带动双边出口贸易，进而影响发展中国家经济增长。本章分别采用以下两个指标衡量一国经济发展水平：一是一国经济总量，采用 t 年 i 国 GDP 的对数值来衡量；二是一国居民生活水平，采用 t 年 i 国人均 GDP 的对数值来衡量，该指标反映了一国人均享有的经济成果。此外，本章进一步从增长核算视角，将经济增长细分为国内政府和居民消费、国内投资以及净出口三部分，分别检验中国对外贷款对经济增长各组成部分的影响①。上述变量均来源于世界银行数据库。

表 4-6 是经济增长机制的检验结果。表 4-6 第（1）列至第（4）列所示结果表明，中国对外贷款会显著促进一国 GDP 和人均 GDP 增长，这说明经济增长机制是有效的。表 4-6 第（5）列至第（7）列所示结果进一步表明，中国对外贷款对债务国国内投资和国内消费会产生显著的正向影响，但是其却会对债务国净出口产生显著的负向影响，这表明中国对外贷款的债务国经济增长效应主要来源于债务国国内投资和国内消费的增长，而非净出口规模增加。其原因在于：中国对外贷款通过改善债务国国内基础设施状况，降低了对外贸易成本，这不仅有利于债务国出口总额增长，而且

① 本章取国内投资、国内消费和净出口三个变量的对数值作为被解释变量，但鉴于债务国净出口可能存在负值，本章按照如下公式进行对数化处理：$\ln net\_export_{it} = \ln\left(net\_export_{it} + \sqrt[2]{1 + net\_export_{it}^2}\right)$。

也会促进其他国家对债务国出口的增长（Calì and Velde，2011），如果其对进口贸易促进作用高于出口贸易，便会表现为中国对外贷款对债务国净出口总额产生一定的负面影响。

表 4-6　经济增长机制的检验结果

变量名称	总体效应				经济增长来源分解		
	GDP	GDP	人均 GDP	人均 GDP	国内消费	国内投资	净出口
	OLS	2SLS	OLS	2SLS	2SLS	2SLS	2SLS
	（1）	（2）	（3）	（4）	（5）	（6）	（7）
ln*chn_debt*	0.0012*	0.0020***	0.0021**	0.0020**	0.0052***	0.0069***	−0.3332**
	（1.71）	（2.66）	（2.46）	（2.10）	（3.00）	（3.01）	（−2.15）
控制变量	控制	控制	控制	控制	控制	控制	控制
国家固定效应	控制	控制	控制	控制	控制	控制	控制
年份固定效应	控制	控制	控制	控制	控制	控制	控制
Kleibergen-Paap rk LM statistic	—	116.277 [0.000]	—	115.529 [0.000]	116.257 [0.000]	109.614 [0.000]	76.095 [0.000]
Kleibergen-Paap rk Wald F statistic	—	532.598	—	533.897	532.480	512.086	348.390
样本量	1494	1484	1494	1484	1487	1423	908
R^2	0.9982	0.9917	0.5354	0.4646	0.3945	0.6134	0.0591

（二）收入分配机制的检验

如果债务国的收入分配机制无法使贫困群体从本国经济增长中受益，那么，国际债务的债务国经济增长效应便难以推动本国减贫（Kasuga and

Morita，2018）。本章借鉴 Gnangnon（2021）的方法，采用基尼系数和低收入人口的收入占比这两个指标来衡量一国收入不平等程度。其中，基尼系数数据来源于标准化世界收入不平等数据库（Standardized World Income Inequality Database，SWIID），该数据库分别基于劳动者市场收入和可支配收入估算了一国基尼系数。相较于世界银行公布的基尼系数，该数据库在数据完整性方面具有明显优势。此外，各国收入最低的 10% 和 20% 人口收入占比数据来源于世界银行数据库。

表 4–7 是收入分配机制的检验结果。表 4–7 第（1）列至第（4）列是基于基尼系数的估计结果。可以看出，中国对外贷款显著加剧了债务国收入不平等。表 4–7 第（5）列至第（8）列采用 10% 和 20% 低收入人口收入占比指标的估计结果，进一步证实了上述结论。结合表 4–6 第（3）列和第（4）列所示结果可知，尽管中国对外贷款显著提升了债务国人均收入水平，但低收入群体在经济增长中得到的收入改善显著低于其他群体，从而表现为基尼系数增大和低收入群体收入占比下降。由此可见，发展中国家收入不平等问题可能会在一定程度上抵消中国对外贷款的减贫效果。

表 4–7　收入分配机制的检验结果

变量名称	基尼系数：市场收入		基尼系数：可支配收入		10% 低收入人口的收入占比		20% 低收入人口的收入占比	
	OLS	2SLS	OLS	2SLS	OLS	2SLS	OLS	2SLS
	（1）	（2）	（3）	（4）	（5）	（6）	（7）	（8）
ln*chn_debt*	0.0537***	0.1048***	0.0577***	0.1124***	−0.0079**	−0.0109**	−0.0210***	−0.0310***
	（5.32）	（6.57）	（5.85）	（6.93）	（−2.12）	（−2.16）	（−3.04）	（−3.09）
控制变量	控制	控制	控制	控制	控制	控制	控制	控制
国家固定效应	控制	控制	控制	控制	控制	控制	控制	控制
年份固定效应	控制	控制	控制	控制	控制	控制	控制	控制

续表

变量名称	基尼系数：市场收入		基尼系数：可支配收入		10% 低收入人口的收入占比		20% 低收入人口的收入占比	
	OLS	2SLS	OLS	2SLS	OLS	2SLS	OLS	2SLS
	（1）	（2）	（3）	（4）	（5）	（6）	（7）	（8）
Kleibergen-Paap rk LM statistic	—	101.358 [0.000]	—	101.358 [0.000]	—	50.923 [0.000]	—	50.923 [0.000]
Kleibergen-Paap rk Wald F statistic	—	477.718	—	477.718	—	189.115	—	189.115
样本量	1259	1259	1259	1259	509	509	509	509
R^2	0.9676	0.0840	0.9690	0.0736	0.9324	0.0974	0.9338	0.1203

七、拓展性分析

（一）中国对外贷款、多维贫困与发展中国家减贫

随着经济社会的多元化发展，“贫困”不再仅从物质条件和生活条件维度加以定义和衡量。“多维贫困”的概念逐渐得到广泛认可，即从教育、健康和生活水平多个维度衡量一国的贫困情况（Alkire and Santos，2010）。为了检验中国对外贷款对债务国不同维度减贫效应影响的异同之处，本章依据 UNDP 公布的指标测度方法，分别计算了健康维度、教育维度和收入维度贫困指数。具体计算方法如下：

$$dimension\_index_{ijt} = \frac{dimension\_value_{ijt} - dimension\_min_j}{dimension\_max_j - dimension\_min_j} \times 100 \quad (4\text{-}2)$$

式中，$dimension\_index_{ijt}$ 表示 i 国 t 年第 j 个维度的贫困指数；$dimension\_value_{ijt}$ 表示 i 国 t 年第 j 个维度的贫困指标数值；$dimension\_min_j$ 表示所有国家第 j 个维度的贫困指标的最小值；$dimension\_max_j$ 表示所有国家第 j 个维度的贫困指标的最大值。此外，教育维度衡量指标包括预期受教育年限和平均受教育年限两个细分指标（如表 4-1 所示），本章首先计算两个细分指标对应的教育维度的贫困指数，分别记为 edu_index1 和 edu_index2，然后取二者的几何平均数作为最终的度量指标，即 $edu\_index=\left(edu\_index1\times edu\_index2\right)^{1/2}$。与 HDI 类似，健康维度、教育维度和收入维度贫困指数的取值范围均为[0,100]，且数值越接近于 0，表明一国该维度贫困程度越高。

表 4-8 显示的是中国对外贷款对债务国不同维度减贫影响的估计结果。在控制内生性问题对估计结果的影响后，表 4-8 第（2）列和第（4）列所示 2SLS 估计结果表明，中国对外贷款存量这一变量的估计系数为正，但在 10% 的置信水平上无法通过显著性检验，这表明中国对外贷款在推动债务国健康和教育领域减贫方面并未发挥显著作用。但是，表 4-8 第（5）列和第（6）列所示结果则表明，中国对外贷款存量这一变量的估计系数在 1% 的置信水平上显著为正，这表明中国对外贷款是促进债务国收入维度减贫的重要因素，且中国对外贷款规模越大，越有利于债务国实现收入减贫目标。从经济显著性来看，中国对外贷款规模每增加一个单位标准差，债务国收入维度贫困水平平均降低 0.0897%，能够解释样本均值的 0.66%（=0.0897 × 3.85/52.68 × 100%）。

表 4-8　中国对外贷款对债务国多维贫困影响的检验结果

变量名称	健康维度		教育维度		收入维度	
	OLS	2SLS	OLS	2SLS	OLS	2SLS
	（1）	（2）	（3）	（4）	（5）	（6）
ln*chn_debt*	−0.0101	0.0281	0.0133	0.0235	0.0730***	0.0897***
	（−0.42）	（0.72）	（0.55）	（0.79）	（3.91）	（3.76）
控制变量	控制	控制	控制	控制	控制	控制
国家固定效应	控制	控制	控制	控制	控制	控制
年份固定效应	控制	控制	控制	控制	控制	控制
Kleibergen-Paap rk LM statistic	—	116.277 [0.000]	—	114.807 [0.000]	—	116.277 [0.000]
Kleibergen-Paap rk Wald F statistic	—	532.598	—	526.518	—	532.598
样本量	1494	1494	1484	1484	1494	1494
R^2	0.9750	0.2417	0.9876	0.2204	0.9915	0.4424

为了探索改善中国对外贷款对债务国多维贫困影响的优化路径，本章进一步从性别差异视角考察中国对外贷款的减贫作用效果。根据表 4-9 所示 2SLS 估计结果，就健康维度而言，中国对外贷款对债务国男性和女性健康水平产生正向影响，但这一影响在 10% 的置信水平上无法通过显著性检验，从而导致总体影响并不显著（见表 4-9 第（1）列和第（2）列）。但是，就教育维度而言，中国对外贷款对债务国男性和女性受教育水平均表现为正向作用，但这一影响仅在男性群体中表现得较为明显（见表 4-9 第（3）列和第（4）列）。由此可见，性别差异是导致中国对外贷款对债务国健康和教育领域减贫影响不显著的原因之一。

表 4-9　分性别视角下中国对外贷款对债务国多维贫困影响的检验结果

变量名称	健康维度		教育维度		收入维度	
	男性	女性	男性	女性	男性	女性
	2SLS	2SLS	2SLS	2SLS	2SLS	2SLS
	（1）	（2）	（3）	（4）	（5）	（6）
ln*chn_debt*	0.0324	0.0198	0.0008**	0.0001	0.1202***	−0.0126
	（0.90）	（0.50）	（2.39）	（0.46）	（4.61）	（−0.45）
控制变量	控制	控制	控制	控制	控制	控制
国家固定效应	控制	控制	控制	控制	控制	控制
年份固定效应	控制	控制	控制	控制	控制	控制
Kleibergen-Paap rk LM statistic	116.277 [0.000]	116.277 [0.000]	109.226 [0.000]	109.226 [0.000]	108.899 [0.000]	108.899 [0.000]
Kleibergen-Paap rk Wald F statistic	532.598	532.598	522.084	522.084	492.046	492.046
样本量	1494	1494	1475	1475	1367	1367
R^2	0.2187	0.2551	0.1659	0.2059	0.4292	0.2216

（二）中国对外贷款与发展中国家减贫：趋同效应或分散效应

从国别视角来看，中国对外贷款不会导致债务国贫富差距拉大。那么，从全球视角来看，中国对外贷款是否能够在缩小国家间贫富差距方面发挥作用？为了检验这一问题，本章依据 UNDP 数据库对发展中国家低中高三类贫困程度的划分结果，将样本国家分为低贫困国家（即非极端贫困国家）和高贫困国家（即极端贫困国家）两类。

表 4-10 显示的是中国对外贷款对不同贫困水平债务国减贫影响的实证结果。表 4-10 第（1）列和第（2）列所示结果表明，中国对外贷款在推动极端贫困债务国减贫方面发挥了显著的积极作用。然而，表 4-10 第（3）

列至第（4）列所示结果则表明，中国对外贷款在促进非极端贫困债务国减贫方面发挥的作用并不显著。由此可见，中国对外贷款有助于避免发展中国家之间贫困程度的两极分化。

表 4–10　中国对外贷款对不同贫困水平债务国减贫影响的检验结果

变量名称	极端贫困		非极端贫困	
	OLS	2SLS	OLS	2SLS
	（1）	（2）	（3）	（4）
ln*chn_debt*	0.0259*	0.0592***	0.0109	−0.0099
	（1.95）	（3.20）	（0.66）	（−0.46）
控制变量	控制	控制	控制	控制
国家固定效应	控制	控制	控制	控制
年份固定效应	控制	控制	控制	控制
Kleibergen-Paap rk LM statistic	—	60.912 [0.000]	—	55.018 [0.000]
Kleibergen-Paap rk Wald F statistic	—	335.213	—	203.185
样本量	833	833	651	651
R^2	0.9889	0.4044	0.9709	0.2829

（三）中国对外贷款、“一带一路”倡议与发展中国家减贫

中国在推进“一带一路”高质量发展过程中，为发展中国家提供了诸多资金支持，从而成为沿线许多国家的重要债权人之一。但与此同时，2020 年债务可持续性评估结果显示，约有 50% 的低收入国家处于债务危机高风险或已经面临债务危机，这一比重自 2013 年以来已经翻了一番（IMF and World Bank，2020）。在此背景下，国际社会在提及中国对外贷款问题时，常将其与“一带一路”倡议相关联，有观点认为中国对外贷款延缓了

沿线发展中国家可持续发展进程。为了回应这一观点，本章构建了中国对外贷款与是否为“一带一路”共建发展中国家（dum_bri_i）的交互项，进而检验中国对外贷款对“一带一路”共建国家和非“一带一路”共建国家减贫影响的差异性。

表 4-11 显示的是“一带一路”倡议对中国对外贷款减贫效应影响的估计结果。表 4-11 第（1）列所示 OLS 估计结果表明，中国对外贷款与是否为“一带一路”共建国家交互项的估计系数为正，且在 5% 的置信水平上通过显著性检验，这表明中国对外贷款在推动“一带一路”共建发展中国家减贫方面发挥了更大作用。在控制内生性问题的影响后，表 4-11 第（2）列所示结果再次证实了这一研究结论。

表 4-11 “一带一路”倡议对中国对外贷款减贫效应影响的估计结果

变量名称	OLS	2SLS
	（1）	（2）
$\ln chn\_debt$	−0.0016	−0.0202
	（−0.15）	（−1.22）
$\ln chn\_debt \times dum\_bri$	0.0628**	0.1326***
	（2.47）	（4.27）
控制变量	控制	控制
国家固定效应	控制	控制
年份固定效应	控制	控制
Kleibergen-Paap rk LM statistic	—	110.110 [0.000]
Kleibergen-Paap rk Wald F statistic	—	228.980
样本量	1484	1484
R^2	0.9945	0.3646

八、研究结论与政策建议

（一）研究结论

本章利用 2000—2022 年全球 92 个发展中国家的宏观数据，实证检验了中国对外贷款对发展中国家减贫的影响，并基于“债务—增长—减贫”这一理论框架，剖析了中国对外贷款发挥发展中国家减贫效应的内在机制。本章研究发现，中国对外贷款有利于发展中国家实现减贫目标，基于多种方法的实证检验均证实这一结论具有稳健性。促进经济增长是中国对外贷款发挥发展中国家减贫效应的有效渠道，特别是促进国内投资和国内消费增长。然而，中国对外贷款并未有效提升低收入群体的收入占比，这在一定程度上抵消了经济增长机制的作用效果。进一步研究发现，中国对外贷款有利于发展中国家实现收入维度减贫，但其在推动健康维度和教育维度减贫方面的作用效果并不明显，关注女性减贫效果是改善这一状况的途径之一。中国对外贷款更有助于极端贫困的发展中国家实现减贫目标，从而避免发展中国家之间贫困程度的加深。此外，中国对外贷款在推动“一带一路”共建国家减贫方面能够发挥更大的作用。

（二）政策建议

中国作为世界上最大的发展中国家，始终坚持发展是第一要务。国家主席习近平在二十国集团领导人第十九次峰会上明确指出：“中国始终是全球南方的一员，是发展中国家可靠的长期合作伙伴，也是支持全球发展事业的行动派和实干家，愿同广大发展中国家携手实现代化。”为发展中国家的经济发展提供资金支持，是中国践行南南合作的重要方式。而消除贫困不仅是可持续发展的首要目标，也有助于其他发展目标的实现（Dhahri and Omri，2020），因而值得特别关注。本章的政策启示如下：

第一，继续发挥中国对外贷款在推动发展中国家减贫方面的作用，助力发展中国家实现可持续目标。本章研究发现，中国对外贷款通过促进债务国经济增长有助于发展中国家减贫，这表明中国正在为破解全球减贫难题贡献力量，而“债务陷阱”国际负面舆论缺乏严谨的经验证据。因此，要继续推进“一带一路”高质量建设，为其他发展中国家提供更多区域性公共产品，帮助其发展经济、改善民生、消除贫困，推动更大范围、更高水平、更深层次的国际减贫合作。此外，鉴于各国的贫困根源、社会制度和发展道路存在差异，中国在助推发展中国家减贫的过程中，要结合各国的比较优势，探索适合其国情的减贫道路。

第二，重视改善收入分配渠道的作用，强化中国对外贷款减轻在发展中国家贫困方面的有效性。本章研究发现，中国对外贷款的发展中国家减贫效应主要来源于经济增长渠道，而收入分配渠道则会在一定程度上抵消经济增长机制的作用效果。因此，改善发展中国家的收入分配成为提升中国对外贷款有效性的可行途径。发达国家的成功经验表明，政府制度和政策是能否实现“公平经济发展”的决定性力量。调节国内收入差距应综合运用税收调节、农业补贴政策、完善社会福利、普及义务教育以及完善工资决定机制等多种制度与政策，改善收入分配机制合理性和有效性。

第三，如何提升发展中国家在健康和教育领域的减贫成效是中国和发展中国家下一步重点关注的问题。本章研究发现，中国对外贷款在推动收入领域减贫方面发挥了显著作用，但其对发展中国家健康和教育领域减贫的作用并不明显，关注女性减贫是改善这一问题的关键所在。随着我国医疗基础设施不断完善、高等教育国际竞争力以及国际化水平的日益提升，中国在推动发展中国家教育减贫方面可以提供更多的中国智慧和中国经验。此外，我国在女性扶贫减贫方面的巨大成就也可为发展中国家提供有益参考，即制定更加科学合理的发展战略，将促进女性发展作为减贫途径，推动女性参与经济社会发展，并确保其能平等地分享发展成果。

第 5 章

中国对外贷款对发展中国家出口增长影响的实证研究

一、引言

中国对外贷款能否促进发展中国家经济增长仍是一项有待研究的重要问题，本章从出口贸易发展视角出发，为回答这一问题提供经验证据。出口贸易不仅是促进一国经济增长的重要途径之一，也使一国经济在面对冲击时更具韧性，这对于财政刺激经济能力有限的发展中国家尤为重要（WTO，2021）。这是因为，出口贸易会通过多种方式提升出口国经济韧性：一方面，国外市场需求有助于出口国应对国内经济下滑；另一方面，出口企业的平均生产能力高于非出口企业，不仅更有可能在经济衰退中幸存下来，而且更有能力进入更多样化的市场。然而，发展中国家融入全球贸易体系面临实体基础设施不足、缺少信息和通信技术基础设施、能源供应不足、缺乏适当的贸易相关制度以及满足国际市场需求的能力较弱等诸多问题（Gnangnon，2019）。在过去几十年间，发展中国家出口增长的步伐十分缓慢。根据联合国贸发会议统计数据，发展中国家货物贸易出口份额从1970年的18.89%增长至2023年的44.02%，不及世界出口总额的1/2。因此，探索推动发展中国家出口增长的有效路径，成为学术界持续关注的话题之一。

中国对外贷款致力于为发展中国家融入国际市场提供了新的发展机遇。进入21世纪以来，以中国为代表的新兴债权国进入国际发展合作体系，“一带一路”倡议更是开启了开放合作的新模式。中国结合自身比较优势，致力于改善发展中国家交通运输和通信设施，这不仅有助于发展中国加突破国内发展瓶颈，也为其融入全球市场创造了可能。据估计，亚洲发展中国家在2016年至2030年间的基础设施融资缺口将达26万亿美元（Asian Development Bank，2017），这也凸显了中国对外贷款资金规模庞大、生产性债务占比高、资金流稳定等多方面的独特优势。已有研究表明，相比美国等传统债权国，中国更有效地促进了非洲国家对外贸易发展（Liu and Tang，2018）。但长期以来，学术界对中国对外贷款问题的探讨多是基于新闻媒体报道的信息（Hernandez，2017），这类数据不仅完整性较差，而且缺乏持续性追踪统计。由于缺乏中国对外贷款的官方统计数据，鲜有研究从中国对外贷款这一新视角探讨发展中国家出口增长问题。

自 2022 年以来，世界银行国际债务统计数据库首次公布了 20 世纪 70 年代以来中国对中低收入国家贷款存量数据，这是目前研究中国对外贷款问题的唯一官方数据来源，从而为开展经验分析提供了难得的研究契机。本章基于 2003—2022 年全球 104 个发展中国家的数据，实证检验了中国对外贷款推动发展中国家出口贸易增长的作用效果，并剖析其内在机制。本章研究发现，中国对外贷款显著促进了债务国对中国出口总额的增长，这一出口创造效应来源于产品平均出口额的增长，而非出口产品种类的调整。降低贸易成本、提高劳动生产率、改善营商环境是中国对外贷款发挥债务国出口创造效应的有效机制。进一步研究发现，债务国对中国出口的增长不会挤占该国对其他国家的出口，即不存在出口转移效应。从贸易比较优势角度来看，中国对外贷款有利于债务国培育具备核心优势的出口产品，并促进非优势产品出口总额的增长。此外，中国对外贷款的债务国出口创造效应在“一带一路”共建国家表现得尤为明显。

本章的边际贡献主要体现在以下三个方面：①不同于已有文献定性分析中国对外贷款及其经济影响（Hurley et al.，2018；Lin and Wang，2020；Horn et al.，2021），本章定量评估了中国对外贷款的贸易创造效应，从而为回应“债务陷阱”等国际舆论提供经验证据。②不同于 Jaud 等（2018）从国内金融发展视角考察一国出口增长问题，本章在我国推进高水平金融对外开放的背景下，立足于南南合作框架，考察中国对外贷款这一新因素对发展中国家出口增长的影响。此外，本章还深入出口产品层面，更为细致地剖析了中国对外贷款推动发展中国家出口增长的微观机制。③尽管已有文献解释了国际债务影响国际贸易的原因，本章则充分结合中国对外贷款的突出特点，从贸易成本降低、生产率提升和营商环境改善三个视角，理论阐释了中国海外债务推动发展中国家出口增长的内在机制，并基于经验数据验证理论假设的有效性，从而有助于更加清晰地理解中国对外贷款发挥债务国出口创造效应的路径机制。总的来看，本章的研究不仅能够丰富国际债务经济影响的学术文献，而且有助于有力地回应国际社会关于中国海外债务问题的诸多讨论。

本章余下部分的结构安排如下：第二部分为文献综述；第三部分分析了中国对外贷款影响债务国出口的潜在机制，并提出待检验的研究假设；第四部分是模型设定与数据说明；第五部分是实证结果及分析；第六部分检验了影响机制的有效性；第七部分是多视角的拓展性分析；最后在第八部分总结本章主要结论并提出政策建议。

二、文献综述

在经济全球化背景下，国际援助与国际贸易的关系问题日益引起学术界的广泛关注[①]。国际援助不仅涉及资金的跨国流动，而且与知识、技术、经验的跨国流动密切相关，这些因素都将深刻影响着受援国的经济发展。目前国际社会对通过贸易促进可持续发展已形成广泛共识，而为了确保贸易红利能够实现广泛共享，特别是惠及发展中国家，促贸援助成为一项重要政策措施。基于此，现有研究从出口规模、净出口、出口多样性、国家异质性等多个视角探讨了国际援助的出口贸易效应。

① 由于与国际债务直接相关的研究文献较少，本章在文献综述部分重点梳理了国际援助对受援国出口贸易的影响。

从出口规模角度来看，已有研究大多认可国际援助对促进受援国出口规模增长的积极作用。例如，Calì 和 Velde（2011）基于 2002—2009 年全球 120 多个国家和地区的面板数据，研究发现促贸援助降低了贸易成本，这一效应主要源于经济基础设施援助，而其他类型的促贸援助对出口没有明显影响。Soyres 等（2019）的研究在一定程度上印证了上述观点。Soyres 等（2019）的研究发现，从全球总体来看，“一带一路”倡议可以显著减少 2.5% 的运输时间和 2.2% 的贸易成本，而对“一带一路”共建国家而言，上述两个指标分别上升至 3.2% 和 2.8%。但是，不同援助国提供的对外援助对受援国出口增长的作用效果并不相同。Liu 和 Tang（2018）比较了中国和美国对非洲国家援助效果的差异性，结果表明，相比美国，中国对外援助能够在更大程度上促进受援国双边出口贸易增长，其原因在于中国对外援助采取更加商业化的合作模式，且更注重合作共赢。

从净出口角度来看，尽管已有研究证实了国际援助会促进援助国和受援国之间双向出口增长，但对于其净出口效应的方向仍存在不同的观点。例如，Nowak-Lehmann 等（2013）基于 1988—2007 年全球 123 个国家的面板数据，研究发现促贸援助对受援国净出口的影响并不显著，其原因在于国际援助同样有助于推动援助国向受援国出口贸易增长。但 Hühne 等（2014）基于 1990—2010 年全球 200 多个国家的面板数据却得出了不同的结论，研究发现，促贸援助对受援国双边出口增长的积极作用明显高于援助国双边出口增长，因此促贸援助会带来受援国净出口增长，这一结果表明，援助国并非以扩大本国出口为目的来提供援助的。

从出口多样化角度来看，已有研究认为国际援助是促进受援国出口多样化的重要因素。例如，Gnangnon（2019）基于 2002—2017 年全球 126 个国家的面板数据证实了国际援助对发展中国家出口多样化的积极作用，特别是有利于最不发达国家实现出口多样化。其原因在于，发展中国家融入全球贸易体系面临着实体基础设施缺乏、能源供应不足、贸易相关制度不完善以及提供商品能力较弱等诸多问题，国际援助通过提升受援国国际竞争力和产品生产能力，促进贸易自由化，能够推动发展中国家出口多样化。Kim（2019）基于1996—2013年133个国家的数据，再次验证了促贸援助会产生出口多样性效应，这将有助于发展中国家降低贸易条件恶化和汇率冲击等重大风险。虽然上述研究在研究样本、考察时间段等方面均有所不同，但相似的研究结论也在一定程度上证明了该结论具有普遍适用性。

国家异质性是影响国际援助经济效果的关键因素之一（Nowak-Lehmann et al.，2013；Liu and Tang，2018）。基于此，国内学者的研究更加聚焦于中国对外援助的经济影响问题，不仅从出口边际、出口多样性、出口增加值等多维度考察了中国对外援助的出口效应，而且比较了国际援助与国际投资的出口效应、来自不同国家援助的出口效应。例如，孙楚仁等（2020）从出口边际视角研究发现，中国对非援助会显著促进出口扩展边际和集约边际增长，改善非洲国家的政府治理水平是中国对非援助出口创造效应发挥作用的根源。黄梅波和朱丹丹（2015）从出口多样性视角研究发现，促贸援助总额和生产部门援助的增加都能提高受援国的出口多样化水平，经济基础设施援助则对受援国的出口多样化没有显著影响。李荣林等（2022）从出口增加值视角研究发现，中国对非援助可以显著提升中国对非出口增加值，提高非洲国家的交通和通信设施质量是中国对非援助影响出口增加值的主要机制。此外，已有研究也进行了多视角的比较分析。例如，张克中和张文涛（2022）比较了中国对外援助对双边出口和双边投资的影响，研究发现中国对外援助有助于推动出口总额增加，但对投资总额并没有显著影响，其中，官方发展援助对出口产生积极影响，而其他援助资金则更有利于对外投资。刘爱兰等（2018）则比较了中国与欧盟对外援助的出口效应，结果表明中国和欧盟国家对非援助的出口创造效应在欧盟国家表现得更为明显，但仅有中国对非援助才会产生显著的受援国进口创造效应。

总的来看，已有研究从出口贸易的不同维度，较为全面地考察了对外援助对受援国出口贸易的潜在影响，从而为本章的研究提供了有益参考。但是，已有研究对中国对外贷款经济影响问题的关注还不是很充分，且对影响机制的实证检验仍有待加强。在中国对外贷款规模日益增长、国际讨论日趋激烈的背景下，本章将基于 2003—2019 年中国对全球 104 个发展中国家对外贷款数据，评估中国对外贷款促进债务国出口贸易增长的实际效果，厘清并验证其作用机制，为回应“债务陷阱”等国际舆论、提升中国对外贷款有效性提供经验证据。

三、理论基础与研究假设

一国对外贸易的发展在很大程度上取决于其成本优势，具体分为生产成本和贸易成本两部分（夏先良，2011）。前者与一国全要素生产率密切相关，后者则受一国基础设施状况以及政府效率等因素的影响。基于此，本章将中国对外贷款影响债务国出口贸易的内在机制归纳为贸易成本机制、劳动生产率机制以及营商环境机制三个方面。具体如下：

（一）贸易成本机制

发展中国家的财政收入和支出水平普遍偏低，其在经济基础设施建设方面的投入严重不足，不仅国内运输、仓储和信息通信水平相对滞后，港口运输能力普遍达不到国际标准，而且海关审查时间和资金成本较高（朱丹丹、黄梅波，2015）。据世界银行估计，发展中国家和新兴市场国家的贸易成本仍比发达国家高出近 50%，这在很大程度上源于发展中国家较高的航运和物流成本，而通过简化贸易流程和清关要求、更好地利用交通运输基础设施、改善治理、鼓励信息广泛分享等措施，有助于大幅削减贸易成本（World Bank，2022）。

中国对外贷款通过改善发展中国家经济基础设施、推动贸易便利化，从而有利于推动发展中国家对中国出口的增长。具体而言：一方面，中国对外贷款融资解决了发展中国家资金短缺的问题，为经济基础设施项目提供的贷款通过改善交通运输和仓储条件、完善信息通信设施，直接降低了债务国出口固定成本和可变成本（Calì and Velde，2011；Vijil and Wagner，2012）；另一方面，中国对外贷款通过改善债务国信息通信水平、促进电子商务普及、提升信息化办公水平等多种方式，降低了海关出入境时间成本和流程成本，推动了对外贸易便利化（朱丹丹、黄梅波，2015）。贸易成本的降低提高了债务国企业出口的利润空间，使更多企业能够从出口贸易中获利。如果新出口企业与原有出口企业的出口产品具有异质性，那么贸易成本降低不仅有助于该国出口总额增长，而且还将促进出口产品多样化（Helpman，2006）。中国国有部门是耐心资本的持有者，且具有更强的风险承受能力，更适合为发展中国家的基础设施建设提供融资（Gallagher and Wang，2020）。此外，中国基建企业通过大量基础设施项目的建设积累了丰富的项目施工和管理经验（陈涛涛等，2017）。上述原因使得中国对外贷款在降低债务国贸易成本方面有独特优势，但是，基础设施建设引致的贸易成本削减效应需达到一定程度才会产生明显的效果（黄梅波、朱丹丹，2015）。基于上述分析，本章提出假设 5-1。

假设 5-1：中国对外贷款有助于降低债务国出口贸易成本，进而推动债务国对中国出口总额的增长，但是，贸易成本效应只有达到一定规模才能显著地影响双边出口贸易。

（二）劳动生产率机制

生产率是影响企业出口决策的关键因素。只有生产率较高的企业才会进入国际市场从事国际贸易，而生产率较低的企业则仅在国内市场生产和销售（Melitz，2003）。对于发展中国家而言，生产能力是制约其出口增长的主要因素，这使得发展中国家企业生产的商品和服务难以很好地满足国际市场需求。

中国对外贷款通过提升债务国劳动生产率，进而有助于推动发展中国家对中国出口贸易增长。从理论上来说，国外资本流入提高了债务国的资本劳动比，并为劳动生产率的提升创造了空间（Kose，2020）。从现实情况来看，中国对外贷款在推动债务国劳动生产率提升方面具有诸多优势：首先，中国对外贷款具有生产性债务的特征，更有助于债务国提升外部融资转化为国内生产力的能力。生产性投资是指直接用于物质生产或满足物质生产需要的建设投资，基础设施建设是典型的生产性投资。与世界银行、美国等传统债权人相比，中国对外贷款更倾向于投资通信、能源、运输、仓储等基础设施项目（Brautigam，2019；Moses et al.，2023），这些项目对于提升发展中国家的长期生产能力至关重要。其次，中国企业通过海外融资项目带动技术、标准、材料、设备以及技术人员“走出去”，从而促进知识技术的跨国溢出。这有助于发展中国家构建供给侧的生产能力，提高其出口竞争力（黄梅波、朱丹丹，2015；Gnangnon，2019）。特别是中国与发展中国家之间的技术差距更为适度，便于发展中国家学习中国的技术，正因如此，南南合作的技术溢出效应更为显著，中国对外贷款在提高发展中国家技术水平方面更有优势（汪文卿、赵忠秀，2014；徐丽鹤等，2020）。最后，中国致力于帮助债务国挖掘国内自然资源和劳动力禀赋，中国提供的资金会充分地支持债务国发展其具有比较优势的产业，进而实现扩大出口的目标（阎虹戎等，2020）。基于上述分析，本章提出假设 5-2。

假设 5-2：中国对外贷款通过提升债务国劳动生产率，进而有助于促进债务国对中国的出口增长。

（三）营商环境机制

发展中国家的国家治理能力相对较弱。针对非洲国家的研究表明，这类国家的有效治理范围仅限于首都附近的区域（Michalopoulos and Papaioannou，2018）。但是，一国制度质量直接决定了国内企业生产经营的营商环境，薄弱的制度架构会滋生腐败等问题，从而增加企业交易成本和市场不确定性（Nathoo et al.，2021），这些都将对企业出口产生不利影响。

中国对外贷款通过影响债务国营商环境，进而影响其国内企业的出口行为。首先，中国提供融资的基础设施项目多为“交钥匙”工程，这就杜绝了政府挪用资金的可能性（许志成、张宇，2021），同时降低了债务国腐败发生的可能性。但也有学者提出不同观点，认为中国向非洲国家提供的对外贷款多流向债务国领导人的家乡（Dreher et al.，2019），中国对外贷款因而可能加剧债务国腐败问题（Isaksson and Kotsadam，2018）。其次，国际债务融资项目所产生的经济收入有助于债务国政府提高威信，而良好的经济前景预期则增加了武装冲突等不稳定因素的机会成本。再次，中国企业非常注重项目为当地居民带来的直接收益，短期就业率提升及长期经济增长预期都能降低国家出现内乱的可能性，从而消除地区冲突的经济根源并推进民主化进程（李嘉楠等，2021）。最后，中国对外贷款具有较强的资金稳定性，有助于缓解国外资金突然撤出引发的冲突（Strange et al.，2017）。基于上述分析，本章提出假设 5-3。

假设 5-3：中国对外贷款通过影响债务国国内营商环境，进而影响债务国对中国出口贸易，但其影响方向存在一定的不确定性。

四、模型设定与数据说明

（一）模型设定

本章借鉴 Calì 和 Velde（2011）、Kim（2019）等文献的研究方法，构建如下所示的计量模型，检验中国对外贷款对债务国双边出口的影响：

$$\ln y_{it} = \beta_0 + \beta_1 \ln chn\_debt_{it-1} + \beta_2 Z_{it-1} + \delta_i + \delta_t + \sigma_{it} \tag{5-1}$$

在式（5-1）中，下标 i、t 分别表示国家和年份；β 表示估计系数；$\ln y_{it}$ 为被解释变量，即各债务国出口贸易情况；$\ln chn\_debt_{it-1}$ 为解释变量，即中国向各国提供的对外贷款存量；Z_{it-1} 表示控制变量的集合；δ_i 和 δ_t 分别表示国家固定效应和年份固定效应，以控制不随时间变化的债务国因素和时间趋势项对各国出口的影响；σ_{it} 表示随机扰动项。此外，考虑到解释变量和控制变量对债务国出口行为的影响存在时间滞后效应，因此，本章在估计时采用上述变量的一阶滞后项。各变量的具体情况如下：

1. 被解释变量

本章的被解释变量是 t 时期国家 i 对中国的出口总额的对数值（$\ln exp\_value_{it}$）。然而，一国出口增长既可能是现有出口产品在单一方向上量的扩张（即集约边际），也可能是新出口产品进入市场（即扩展边际）（钱学锋，2008）。为了对此进行检验，本章借鉴 Hummels 和 Klenow（2005）的方法，从产品层面将债务国对中国出口总额分解为以下两部分：一是扩展边际，即 t 时期国家 i 对中国出口产品种类数的对数值（$\ln exp\_obs_{it}$）；二是集约边际，即 t 时期国家 i 对中国出口产品平均出口额的对数值（$\ln exp\_ave_{it}$）。计算方法如式（5-2）所示：

$$exp\_value_{it} = exp\_obs_{it} \frac{exp\_value_{it}}{exp\_obs_{it}} \tag{5-2}$$

2. 解释变量

本章的解释变量为 t 年中国对 i 国对外贷款存量的对数值（$\ln chn\_debt_{it}$）。为了避免零值对数化影响实证结果的准确性，本章对该变量加 1 后再取对数。

3. 其他控制变量

本章选取的控制变量（Z_{it-1}）包括：①两国经济规模差距（$\ln gdp\_diff_{it}$），采用 t 年中国与 i 国 GDP 之差绝对值的对数值来衡量。需求相似理论认为，两国之间经济差距越小，需求相似性越高，越有利于双边出口增长（Linder，1961）。②资本开放度（$\ln ofdi_{it}$），采用 t 年中国对 i 国对外直接投资存量加 1 后的对数值来衡量。对外直接投资和国际债务同属于国际资本流动的具体形式，二者之间可能存在一定的替代或互补关系。③要素禀赋，本章从自然资源要素（$natural\_capital_{it}$）和人力资本要素（$human\_capital_{it}$）两个维度加以衡量。国际贸易理论指出，一国要素禀赋越充裕，越有利于该国出口增长。④汇率水平（$\ln exchange_{it}$），采用一国货币对美元的汇率来衡量。一国汇率水平越高，该国出口商品价格越高，越不利于本国出口。此外，本章通过加入国家固定效应，控制地理距离、语言相似性、是否接壤等国家层面不随时间变化的因素对一国出口贸易的影响。

（二）数据说明

本章所用的中国对外贷款数据来源于 IDS 数据库。IDS 数据库是中低收入国家国际债务信息的最全面的数据来源，详细收录了 1970 年以来全球中低收入国家的外债数据。世界银行通过支持各国政府加强债务记录和报告，提高债务透明度，从而不断提高外债统计数据在 IDS 数据库中汇编和发布的覆盖面、准确性、及时性和透明度。此外，本章所用的出口贸易数据来自 CEPII-BACI 数据库，并基于 HS92 六位码计算出各国对中国出口产品种类数和产品平均出口额等出口贸易指标。结合各变量的数据可得性，本章考察的样本国家包括 2003—2022 年全球 104 个发展中国家。表 5-1 列出了各变量的描述性统计及其数据来源情况。

表 5–1　变量说明及数据来源

变量名称	变量含义及数据来源	均值	标准差	最小值	最大值
ln*exp_value*	债务国对中国出口总额的对数值，根据 CEPII–BACI 数据库计算而得	11.05	3.60	−2.78	18.42
ln*exp_obs*	债务国对中国出口产品种类数的对数值，根据 CEPII–BACI 数据库计算而得	4.43	1.76	0	8.12
ln*exp_ave*	债务国对中国出口产品平均额的对数值，根据 CEPII–BACI 数据库计算而得	6.61	2.58	−3.09	13.89
ln*chn_debt*	债务国来自中国外债存量加 1 后的对数值，数据来源于 IDS 数据库	18.54	2.20	11.23	24.08
ln*gdp_diff*	债务国和中国 GDP 差额绝对值的对数，根据世界银行数据库计算而得	29.64	0.57	28.22	30.42
ln*ofdi*	中国向债务国对外直接投资存量加 1 后的对数值，数据来源于国家统计局	7.80	3.95	0	14.73
human_capital	债务国人力资本指数，数据来源于 UNCTAD 数据库	33.08	12.19	1	58.7
natural_capital	债务国自然资源收入占 GDP 的比重，数据来源于世界银行数据库	8.08	10.07	0.0014	48.10
ln*exchange*	债务国货币对美元汇率的对数值，数据来源于世界银行数据库	3.96	2.68	−3.11	22.63

注：在 CEPII–BACI 数据库中，贸易总额的计价单位为千美元。因此，债务国对中国出口总额对数值的最小值为负数。

五、实证结果及分析

（一）基准估计结果

表 5–2 是中国对外贷款对债务国出口影响的基准估计结果。为了检验

估计结果的稳健性，本章首先加入影响债务国出口的国家双边因素，并控制国家固定效应和年份固定效应。表 5-2 第（1）列所示结果表明，中国对外贷款这一变量的估计系数为正且在 1% 的置信水平上通过显著性检验。表 5-2 第（4）列是加入所有控制变量和固定效应后的估计结果。可以看出，中国对外贷款这一变量的估计系数在 5% 的置信水平上显著为正，这表明中国对外贷款有助于促进债务国对中国出口总额的增长。从经济显著性来看，中国对外贷款规模每增加 1 个单位标准差，债务国对中国的出口总额平均提升 0.0512%，约占样本均值的 1.02%（=0.0512 × 2.20/11.05 × 100%）①。

为了进一步剖析中国对外贷款出口创造效应的作用机制，本章从产品层面将债务国对中国的出口总额分解为扩展边际（即出口产品种类数）和集约边际（即产品平均出口额）两部分。表 5-2 第（2）列和第（5）列所示的结果表明，中国对外贷款这一变量的估计系数为负，但在 10% 的置信水平上无法通过显著性检验，这表明中国对外贷款不会显著增加债务国向中国出口产品的种类数。但表 5-2 第（3）列和第（6）列所示结果却表明，中国对外贷款这一变量的估计系数为正，且分别在 1% 和 5% 的置信水平上通过显著性检验，这表明中国对外贷款会显著提升债务国对中国出口产品的平均出口额。从经济显著性来看，中国对外贷款规模每增加 1 个单位标准差，债务国向中国出口产品平均额增加 0.0590%，占样本均值的 1.96%（=0.0590 × 2.20/6.61 × 100%）。由此可见，中国对外贷款的债务国出口创造效应源于其向中国出口产品平均额的增长，而非出口产品种类数量的变化。

从全球视角来看，已有研究检验了国际援助对受援国出口贸易的影响，但研究结论并不一致。例如，Hühne 等（2014）认为国际援助会促进受援国

① 经济显著性的计算公式为：回归系数 × 解释变量标准差 / 被解释变量均值 × 100%。下文计算方法均同。

出口，而 Calì 和 Velde（2011）以及 Nowak-Lehmann 等（2013）的研究则未证实二者之间的正相关关系。本章从中国视角的研究发现，中国对外贷款有利于促进债务国对中国出口贸易增长。这一结论不仅凸显了债权国特征对国际债务发展有效性的重要影响，而且拓展了 Liu 和 Tang（2018）的研究结论，即中国对外贷款的债务国出口创造效应普遍适用于发展中国家，而非仅限于 Liu 和 Tang（2018）所聚焦的非洲国家。

表 5-2　基准估计结果

变量名称	出口总额	出口产品种类数	产品平均出口额	出口总额	出口产品种类数	产品平均出口额
	（1）	（2）	（3）	（4）	（5）	（6）
ln*chn_debt*	0.0674***	−0.0030	0.0703***	0.0512**	−0.0078	0.0590**
	（2.66）	（−0.30）	（2.81）	（2.03）	（−0.79）	（2.40）
ln*gdp_diff*	−8.8583***	−7.4036***	−1.4548	−7.2690***	−7.6900***	0.4210
	（−3.92）	（−4.69）	（−0.97）	（−3.56）	（−4.76）	（0.29）
ln*ofdi*	0.0221	−0.0009	0.0230	0.0025	−0.0007	0.0032
	（0.75）	（−0.08）	（0.75）	（0.09）	（−0.07）	（0.11）
human_resource				0.0447**	0.0404***	0.0043
				（2.51）	（5.43）	（0.25）
natural_resource				0.0197***	0.0065	0.0132**
				（3.23）	（1.55）	（2.03）
ln*exchange*				−0.1154**	0.0022	−0.1176***
				（−2.55）	（0.20）	（−2.63）
常数项	273.9290***	225.1307***	48.7983	225.9317***	232.3940***	−6.4624
	（4.07）	（4.79）	（1.09）	（3.73）	（4.83）	（−0.15）
年份固定效应	控制	控制	控制	控制	控制	控制
国家固定效应	控制	控制	控制	控制	控制	控制

续表

变量名称	出口总额	出口产品种类数	产品平均出口额	出口总额	出口产品种类数	产品平均出口额
	（1）	（2）	（3）	（4）	（5）	（6）
样本量	1689	1689	1689	1644	1644	1644
R^2	0.9044	0.9283	0.8408	0.9097	0.9307	0.8454

注：括号内数值为聚类到国家层面的稳健标准误。*、**、*** 分别表示在 10%、5% 和 1% 的水平上显著。本章以下表格均同。

（二）内生性处理

国际债务和国际贸易间可能存在的双向因果关系会导致基准估计结果存在内生性问题。既有研究表明，债权国往往向其贸易伙伴国提供更多的资金支持（Hoeffler and Outram，2011）。本章采用以下两种方法控制双向因果关系引起的内生性问题：

一是采用中国对外贷款存量的一期滞后项作为核心解释变量。由于债务国对中国当期出口行为不会对前期中国对外贷款这一既定事实产生影响，因此，该方法能够在一定程度上克服双向因果关系引起的内生性问题。

二是选取中国钢铁产量的对数值（$\ln iron_t$）作为工具变量，通过两阶段最小二乘估计解决内生性问题。该工具变量的合理性在于国内产能提升是中国对外贷款的主要原因之一（Bluhm et al.，2018；Dreher et al.，2021）。中国海外融资项目集中分布在大中型基础设施领域，且多为“交钥匙”工程（许志成、张宇，2021）。这类项目对钢铁的需求量较大。中国钢铁产量的变动反映了国内生产能力的变化，进而影响中国对外贷款的规模。但是，中国钢铁产品变动所引起的中国对外贷款规模的变化外生于债务国的贸易决策。为了进一步验证 IV 的外生性，本章借鉴 Crowna（2020）的做法，首先计算基准估计的三个残差项，进而检验 IV 是否会对残差项产生显著的影响。实证结果表明，IV 估计系数在 10% 的显著性水平上无法通过检验，从而证实了 IV 的外生性。

表 5-3 是中国对外贷款对债务国双边出口影响的内生性处理结果。2SLS 第一阶段的估计结果表明，工具变量与中国对外贷款在 1% 的置信水平上显著正相关，这表明本章选取的工具变量是有效的（如表 5-3 第（1）列所示）。2SLS 第二阶段的估计结果表明，中国对外贷款有助于债务国对中国出口总额的增长，且这一出口创造效应来源于产品平均出口额的增长而非出口产品种类的增加（如表 5-3 第（2）列至第（4）列所示）。此外，Kleibergen-Paap rk LM 统计量的 p 值反映出其在 1% 的显著性水平上拒绝了“工具变量识别不足”的原假设。Kleibergen-Paap rk Wald F 统计量在各模型中均大于 Stock-Yogo 检验在 10% 的显著性水平上的临界值，说明不存在弱工具变量问题。

表 5-3　内生性处理结果

变量名称	第一阶段估计	第二阶段估计		
		出口总额	出口产品种类数	产品平均出口额
	（1）	（2）	（3）	（4）
ln*iron*	1.0490***			
	（77.46）			
ln*chn_debt*		0.0528**	−0.0055	0.0583**
		（2.14）	（−0.55）	（2.42）
控制变量	控制	控制	控制	控制
年份固定效应	控制	控制	控制	控制
国家固定效应	控制	控制	控制	控制
Kleibergen-Paap rk LM statistic	—	216.510 [0.000]	216.510 [0.000]	216.510 [0.000]

续表

变量名称	第一阶段估计	第二阶段估计		
		出口总额	出口产品种类数	产品平均出口额
	（1）	（2）	（3）	（4）
Kleibergen-Paap rk Wald F statistic	—	3.3e+04	3.3e+04	3.3e+04
样本量	1644	1644	1644	1644
R^2	—	0.0215	0.0428	0.0121

（三）稳健性检验

1. 更换核心指标的衡量方法

（1）更换国际债务指标的衡量方法。

在基准估计阶段，本章采用中国对外贷款存量的对数值作为解释变量，从外债绝对规模视角检验中国对外贷款对债务国双边出口贸易的影响。在稳健性检验部分，本章采用中国对外贷款存量占债务国 GDP 比重（$debt\_gdp_{it}$）作为替代解释变量，该指标反映了中国对外贷款存量与发展中国家经济增长水平的相对规模。表 5-4 第（1）列至第（3）列是基于替代解释变量的稳健性检验结果。从中可以看出，中国对外贷款存量占债务国 GDP 比重越高，越有利于债务国对中国出口总额的增长，且这种双边出口创造效应主要源于产品平均出口额的增加。因此，基于替代解释变量的稳健性检验证实了本章基准结论的稳健性。

（2）更换工具变量。

自 2006 年起，中国外汇储备规模连续 18 年稳居世界第一位，我国外汇储备规模保持在 3 万亿美元以上。这不仅成为维护国家经济金融安全重要的“稳定器”和“压舱石”，也为中国参与国际发展合作提供了重要依托。在此背景下，结合国内经济发展的经验，我国形成了以基础设施建设为主要领域的对外贷款模式。基于此，本章采用中国外汇储备的对数值作为替代 IV。表 5-4 第（4）列至第（6）列所示结果表明，本章的基准结论具有稳健性。

表 5-4　基于替代指标的稳健性检验

变量名称	更换债务指标的衡量方法			更换工具变量		
	出口总额	出口产品种类数	产品平均出口额	出口总额	出口产品种类数	产品平均出口额
	（1）	（2）	（3）	（4）	（5）	（6）
debt_gdp	0.0353**	−0.0037	0.0390**			
	（2.10）	（−0.55）	（2.39）			
ln*chn_debt*				0.0470*	−0.0075	0.0545**
				（1.88）	（−0.78）	（2.22）
控制变量	控制	控制	控制	控制	控制	控制
时间固定效应	控制	控制	控制	控制	控制	控制
国家固定效应	控制	控制	控制	控制	控制	控制
Kleibergen-Paap rk LM statistic	196.237 [0.000]	196.237 [0.000]	196.237 [0.000]	238.065 [0.000]	238.065 [0.000]	238.065 [0.000]
Kleibergen-Paap rk Wald F statistic	208.743	208.743	208.743	1.3e+04	1.3e+04	1.3e+04
样本量	1644	1644	1644	1644	1644	1644
R^2	0.0156	0.0375	0.0156	0.0273	0.0489	0.0139

2. 排除特定因素的影响

（1）排除其他债权人的影响。

为了排除其他债权人的影响，本章在基准估计中引入各国来自中国以外其他债权人外债存量的对数值（$\ln other\_debt_{it}$）作为额外控制变量。考虑到零值可能对结果产生干扰，本章对该变量采取加 1 后再取对数值的方式。表 5-5 第（1）列至第（3）列呈现了排除其他债权人影响后的稳健性检验结果。与基准结果比较后发现，本章的核心结论不受其他债权人对外贷款存量的影响，具有较强的稳健性。

（2）排除变量异常值的影响。

为了排除样本中可能存在的异常值影响，本章对各变量按照首尾 1% 的标准进行缩尾处理，进而重新进行估计。该方法主要用于处理数据中的极端值，通过在数据的百分位上进行缩尾调整（Winsorization），即对数据的最小值和最大值进行截断处理，以降低极端值对统计分析的影响。表 5-5 第（4）列至第（6）列展示了排除潜在异常值影响后的稳健性检验结果。从中可以看出，本章的研究结论不会受到样本中潜在异常值的干扰，表现出较强的稳健性。

表 5-5 排除特定因素影响后的稳健性检验

变量名称	排除其他债权人的影响			排除潜在异常值的影响		
	出口总额	出口产品种类数	产品平均出口额	出口总额	出口产品种类数	产品平均出口额
	（1）	（2）	（3）	（4）	（5）	（6）
ln*chn_debt*	0.0482*	−0.0097	0.0579**	0.0559**	−0.0063	0.0651***
	（1.81）	（−0.97）	（2.22）	（2.23）	（−0.63）	（2.67）
ln*other_debt*	−0.0649	−0.0078	−0.0571			
	（−0.93）	（−0.25）	（−0.83）			
控制变量	控制	控制	控制	控制	控制	控制
时间固定效应	控制	控制	控制	控制	控制	控制
国家固定效应	控制	控制	控制	控制	控制	控制
Kleibergen-Paap rk LM statistic	230.459 [0.000]	230.459 [0.000]	230.459 [0.000]	251.349 [0.000]	251.349 [0.000]	251.349 [0.000]

续表

变量名称	排除其他债权人的影响			排除潜在异常值的影响		
	出口总额	出口产品种类数	产品平均出口额	出口总额	出口产品种类数	产品平均出口额
	(1)	(2)	(3)	(4)	(5)	(6)
Kleibergen-Paap rk Wald F statistic	3.4e+04	3.4e+04	3.4e+04	5.6e+04	5.6e+04	5.6e+04
样本量	1644	1644	1644	1644	1644	1644
R^2	0.0279	0.0491	0.0144	0.0255	0.0414	0.0139

六、影响机制检验

（一）贸易成本机制的检验

中国对外贷款为发展中国家基础设施建设提供了资金支持。基础设施条件的改善将直接降低债务国出口固定成本和可变成本，出口成本降低后，国内企业的出口利润空间得以扩大，进而促使更多企业从事出口贸易。因此，本章从可变贸易成本和固定贸易成本两个维度来检验贸易成本机制的有效性。本章首先依据 UNCTAD 数据库公布的运输能力指数，来衡量一国企业的可变贸易成本。该指数的取值范围为 [0，100]，数值越大，表明一国运输能力越强。此外，本章还将基于世界银行发布的《全球营商环境报告》（*Doing Business Project*），从通关单据成本和时间成本两个方面衡量一国的固定贸易成本。

表 5-6 是贸易成本机制的检验结果。表 5-6 第（1）列至第（3）列的 OLS 估计结果表明，中国对外贷款不仅能够显著提升债务国运输能力，降

低可变贸易成本，还能显著降低债务国的通关单据成本和时间成本。上述结果表明，贸易成本机制是中国对外贷款发挥债务国出口创造效应的有效途径。贸易成本的削减是发展中国家港口、道路、通信等基础设施改善的结果。通常而言，基础设施建设周期较长，原有基础设施条件越好，中国基础设施项目发挥的作用越显著（许志成、张宇，2021），而且该效应需达到一定程度才会对出口产生明显效果（黄梅波、朱丹丹，2015）。以资金规模庞大、资金流稳定为主要特征的中国对外贷款，更适合为发展中国家基础设施建设提供资金支持。在解决内生性问题后，表 5-6 第（4）列至第（6）列所示的 2SLS 估计结果进一步验证了上述结论。

表 5-6　贸易成本机制的检验结果

变量名称	可变贸易成本	单据成本	时间成本	可变贸易成本	单据成本	时间成本
	OLS	OLS	OLS	2SLS	2SLS	2SLS
	（1）	（2）	（3）	（4）	（5）	（6）
ln*chn_debt*	0.3258***	−0.6684**	−0.9042***	0.3451***	−0.6677**	−0.9354***
	（3.06）	（−2.40）	（−3.06）	（3.54）	（−2.47）	（−3.39）
控制变量	控制	控制	控制	控制	控制	控制
时间固定效应	控制	控制	控制	控制	控制	控制
国家固定效应	控制	控制	控制	控制	控制	控制
Kleibergen-Paap rk LM statistic	—	—	—	227.651 [0.000]	135.969 [0.000]	135.969 [0.000]
Kleibergen-Paap rk Wald F statistic	—	—	—	3.6e+04	1.7e+04	1.7e+04
样本量	1652	784	784	1652	784	784
R^2	0.9296	0.9206	0.9504	0.0322	0.0332	0.0583

（二）生产率机制的检验

WTO 等国际组织倡导为发展中国家提供资金支持的核心目标之一是提高其生产能力。异质性贸易理论强调了生产率对企业出口的关键作用。该理论认为，只有当企业生产率达到一定的门槛值，该企业才会从事出口贸易（Melitz，2003），而债务国生产率提升会推动更多国内企业进入国际市场，进而促进该国出口贸易增长。因此，本章采用 UNCTAD 数据库公布的生产能力指数来衡量各国生产率，进而检验中国对外贷款对债务国全要素生产率的影响。该指标取值范围为 [0,100]，数值越高，表明一国生产率越高。

表 5-7 第（1）列和第（2）列展示了劳动生产率机制的检验结果。OLS 估计结果表明，中国对外贷款显著提升了发展中国家的生产率水平，这表明生产率提升机制是中国对外贷款促进债务国出口增长的有效渠道。2SLS 估计结果再次证明了劳动生产率机制的有效性。

（三）营商环境机制的检验

除基础设施和生产能力建设等“硬实力”渠道外，采取推动贸易便利化和自由化、加强贸易政策与管理等措施来加强发展中国家营商环境等“软实力”建设也是中国推动南南合作的重要领域之一。廉洁高效的营商环境不仅能够减少企业海外贸易中的不确定性，还能减少不必要的经营成本，这都是促进企业出口的重要因素。本章采用世界银行公布的全球治理指标（Worldwide Governance Indicators），通过政府效率、监管质量、腐败管控能力、政治稳定性、法治水平以及话语权与问责制等六项指标的均值衡量一国的营商环境水平。该指标的取值范围为 [−2.5,2.5]，数值越高表明该国营商环境越好。

表 5-7 第（3）列和第（4）列是营商环境机制的检验结果。OLS 估计结果表明，中国对外贷款显著改善了债务国国内营商环境，这说明营商环境优化是中国对外贷款发挥债务国出口创造效应的有效渠道。2SLS 估计结果再次验证了营商环境机制的有效性。

表 5-7　生产率机制和营商环境机制检验结果

变量名称	生产率机制		营商环境机制	
	OLS	2SLS	OLS	2SLS
	（1）	（2）	（3）	（4）
ln*chn_debt*	0.2588***	0.2675***	0.0660***	0.0730***
	（6.96）	（7.13）	（2.99）	（3.30）
控制变量	控制	控制	控制	控制
时间固定效应	控制	控制	控制	控制
国家固定效应	控制	控制	控制	控制
Kleibergen-Paap rk LM statistic	—	227.651 [0.000]	—	227.651 [0.000]
Kleibergen-Paap rk Wald F statistic	—	3.6e+04	—	3.6e+04
样本量	1652	1652	1652	1652
R^2	0.9742	0.1905	0.9295	0.0502

七、拓展性分析

（一）中国对外贷款、出口转移与债务国出口增长

从出口总额视角，上文研究表明中国对外贷款显著促进了债务国对中国的出口增长。那么，与此相关的一个问题是：债务国对中国出口的增长

是否会挤占债务国对其他国家的出口，即是否存在出口转移效应？为了回答这一问题，本章基于 CEPII-BACI 数据库，测算了债务国全球出口总额以及对中国以外其他国家（或地区）的出口总额两个指标，进而验证债务国出口转移效应是否存在。

表 5-8 是中国对外贷款对债务国出口转移影响的估计结果。OLS 和 2SLS 估计结果均表明，中国对外贷款不仅会显著促进债务国对全球出口总额增长，也显著促进了其对中国以外其他国家（或地区）的出口总额增长。根据 2SLS 估计结果，就经济显著性而言，中国对外贷款规模每增加 1 个单位标准差，债务国对全球出口总额以及债务国对中国以外其他国家出口总额分别将平均增加 0.0513% 和 0.0487%，分别能够解释样本均值的 0.742%（=0.0513 × 2.20/15.22 × 100%）和 0.709%（=0.0487 × 2.20/15.11 × 100%）。上述结果表明，中国对外贷款不会引起债务国出口转移效应。

表 5-8　中国对外贷款对债务国出口转移影响的实证结果

变量名称	债务国对全球出口总额		债务国对中国以外其他国家出口总额	
	OLS	2SLS	OLS	2SLS
	（1）	（2）	（3）	（4）
ln*chn_debt*	0.0493***	0.0513***	0.0470***	0.0487***
	（4.27）	（4.48）	（5.05）	（3.83）
控制变量	控制	控制	控制	控制
时间固定效应	控制	控制	控制	控制
国家固定效应	控制	控制	控制	控制
Kleibergen-Paap rk LM statistic	—	225.631 [0.000]	—	225.631 [0.000]
Kleibergen-Paap rk Wald F statistic	—	3.6e+04	—	3.6e+04

续表

变量名称	债务国对全球出口总额		债务国对中国以外其他国家出口总额	
	OLS	2SLS	OLS	2SLS
	(1)	(2)	(3)	(4)
样本量	1644	1644	1644	1644
R^2	0.9689	0.1076	0.9668	0.0937

(二)中国对外贷款、出口产品调整与债务国出口

从扩展边际视角来看，前文研究发现中国对外贷款不会引起债务国对中国出口产品种类的显著变化。值得进一步探讨的是：尽管出口产品总数没有发生显著变化，但出口产品组合内部是否发生了产品进入与退出？为了回答这一问题，本章借鉴毛其淋和盛斌（2013）的方法，基于 HS6 位码识别“国家 – 产品”层面的出口产品进入与退出。具体判定标准为：若某产品在 t 期有出口商品记录，但在 $t+1$ 期不再出口，则将该产品视为退出出口市场；反之，若某产品在 t 期没有出口，但在 $t+1$ 期开始出口，则将该产品视为进入出口市场。基于上述标准，本章分别统计了历年债务国对中国持续出口产品种类数、新进入产品种类数以及退出产品种类数，进而检验中国对外贷款将如何影响债务国对中国出口产品调整。为了避免零值对数化对估计结果的影响，本章对上述三个变量均采取加 1 后再取对数的方法。

表 5–9 是中国对外贷款对债务国出口产品调整影响的估计结果。根据 2SLS 估计结果，中国对外贷款对债务国持续出口产品种类数的影响为负，且在 1% 的置信水平上通过检验。然而，尽管中国对外贷款对新进入产品种类数和退出产品种类数的影响为正，但在 10% 的置信水平上无法通过显著性检验。结合基准估计结果可以得出以下结论：中国对外贷款既不会引起债务国对中国出口产品种类数量的显著变化，且在这一过程中也不存在新

出口产品进入与已有出口产品退出的动态调整过程。

表 5-9　中国对外贷款对债务国出口产品调整影响的实证结果

变量名称	持续出口产品数	新进入产品数	退出产品数	持续出口产品数	新进入产品数	退出产品数
	OLS	OLS	OLS	2SLS	2SLS	2SLS
	(1)	(2)	(3)	(4)	(5)	(6)
ln*chn_debt*	−0.0411***	0.0109	0.0052	−0.0389***	0.0128	0.0065
	(−3.80)	(1.08)	(0.48)	(−3.62)	(1.25)	(0.59)
控制变量	控制	控制	控制	控制	控制	控制
时间固定效应	控制	控制	控制	控制	控制	控制
国家固定效应	控制	控制	控制	控制	控制	控制
Kleibergen-Paap rk LM statistic	—	—	—	226.695 [0,000]	226.695 [0,000]	226.695 [0,000]
Kleibergen-Paap rk Wald F statistic	—	—	—	3.6e+04	3.6e+04	3.6e+04
样本量	1648	1648	1648	1648	1648	1648
R^2	0.9507	0.8658	0.8560	0.0561	0.0433	0.0447

（三）中国对外贷款、比较优势与债务国出口

国际贸易理论指出，国家之间的贸易往来是基于各国比较优势展开的。然而，生产能力提升、贸易成本削减可能会促进一国调整其比较优势和非比较优势产品出口。基于此，本章从比较优势视角，进一步考察中国对外贷款的债务国出口创造效应。

本章基于 CEPII-BACI 数据库，在 HS92 分类标准下的 HS6 位码层面测算债务国各类出口产品的显示性比较优势（Revealed Comparative Advantage，RCA）指数，以此来判断债务国出口产品是否具有比较优势。

一国特定产品 RCA 指数的计算公式为：

$$RCA_{ip}=\frac{X_{ip}\Big/\sum_{i=1}^{N}X_{ip}}{\sum_{m=1}^{M}X_{ip}\Big/\sum_{i=1}^{N}\sum_{m=1}^{M}X_{ip}} \tag{5-3}$$

在式（5-3）中，N 表示全球共有 N 个经济体；M 表示全球共出口 M 种产品；X_{ip} 表示 i 国 p 产品的出口总额；RCA_{ip} 表示 i 国在 p 产品上的显性比较优势指数。如果一国某种产品的 RCA 指数大于或等于 1，则说明该国出口此产品具有比较优势。反之，如果 RCA 指数小于 1，则说明该国出口此类产品不具有比较优势。在此基础上，本章分别统计了债务国对中国比较优势产品和非比较优势产品的出口总额和产品平均出口额，进而检验中国对外贷款对债务国上述两类产品出口贸易的影响。

表 5-10 是中国对外贷款对债务国比较优势和非比较优势产品出口影响的实证结果。从比较优势产品出口来看，中国对外贷款并未显著增加债务国对中国比较优势产品的出口总额（见表 5-10 第（1）列）。这一现象源于对外贷款对债务国双边出口产品种类的负向影响抵消了其对债务国双边产品平均出口额的正向影响（见表 5-10 第（3）列和第（5）列），从而表现为出口贸易总体效应不显著。上述结果表明，中国对外贷款通过降低债务国比较优势产品出口种类、增加比较优势产品平均出口额，从而有助于债务国培育核心比较优势产品。

相比而言，从非比较优势产品出口来看，中国对外贷款显著提升了债务国对中国非比较优势产品的出口总额，这一积极作用源于债务国向中国出口非比较优势产品平均出口额的增长（见表 5-10 第（2）列和第（6）列）。就经济显著性而言，中国对外贷款规模每增加 1 个单位标准差，债务国对中国非比较优势产品的出口总额将平均提高 0.0651%，约占样本均值的

1.85%（=0.0651 × 2.20/7.74 × 100%）。上述结果表明，中国对外贷款对债务国双边非比较优势产品出口具有贸易创造效应。其原因在于：中国对外贷款显著改善了债务国生产能力和生产环境，同时降低了出口贸易成本，此时，债务国出口非比较优势产品会变得有利可图（Nathoo et al.，2021），从而扩大其对非比较优势产品的出口规模。

表 5–10　中国对外贷款对债务国比较优势和非比较优势产品出口影响的实证结果

变量名称	出口总额		出口产品种类数		产品平均出口额	
	比较优势产品	非比较优势产品	比较优势产品	非比较优势产品	比较优势产品	非比较优势产品
	（1）	（2）	（3）	（4）	（5）	（6）
ln*chn_debt*	0.0398	0.0651**	−0.0398***	0.0109	0.0824***	0.0645***
	（1.31）	（2.24）	（−4.55）	（1.01）	（2.84）	（2.61）
控制变量	控制	控制	控制	控制	控制	控制
时间固定效应	控制	控制	控制	控制	控制	控制
国家固定效应	控制	控制	控制	控制	控制	控制
Kleibergen-Paap rk LM statistic	225.631 [0.000]	225.631 [0.000]	225.631 [0.000]	225.631 [0.000]	225.631 [0.000]	225.631 [0.000]
Kleibergen-Paap rk Wald F statistic	3.6e+04	3.6e+04	3.6e+04	3.6e+04	3.6e+04	3.6e+04
样本量	1644	1644	1644	1644	1644	1644
R^2	0.0234	0.0655	0.0294	0.0558	0.0211	0.0322

（四）中国对外贷款、“一带一路”倡议与债务国出口

在推进“一带一路”高质量发展进程中，中国为发展中国家提供大量资金支持，已成为很多“一带一路”共建发展中国家的重要债权人之一。

但随着共建发展中国家债务风险普遍上升，有学者提出“债务陷阱”等错误论断（Chellaney，2017），这为我国推进“一带一路”高质量建设带来了一定的挑战。基于此，本书有必要聚焦于“一带一路”共建发展中国家，系统分析中国对外贷款对其双边出口贸易的影响。本章根据北京大学“一带一路”数据分析平台公布的相关资料，将样本国家分为“一带一路”共建发展中国家和其他发展中国家两组①，通过对比来分析国家双边出口贸易影响的差异性。

表 5-11 是中国对外贷款对“一带一路”共建发展中国家双边出口影响的估计结果。2SLS 估计结果表明，中国对外贷款能够显著促进“一带一路”共建发展中国家对中国出口规模和产品平均出口额的增长。但中国对外贷款对非“一带一路”共建发展中国家出口贸易的影响并不显著。Soyres 等（2019）的研究可以在一定程度上证实上述研究结论。Soyres 等（2019）研究发现，“一带一路”倡议大大缩短了运输时间和贸易成本，特别是“一带一路”共建国家受益更为明显。就全球而言，运输时间平均减少 1.2% ~ 2.5%，从而使总贸易成本降低 1.1% ~ 2.2%，但对于“一带一路”共建国家而言，运输时间和贸易成本分别降低 1.7% ~ 3.2% 和 1.5% ~ 2.8%。

① IDS 数据库公布了“一带一路”沿线 40 个低、中收入国家的外债数据。这些国家分别为（按国家英文名称排序）阿富汗、阿尔巴尼亚、亚美尼亚、阿塞拜疆、孟加拉国、白俄罗斯、不丹、波斯尼亚和黑塞哥维那、保加利亚、柬埔寨、埃及、格鲁吉亚、印度、印度尼西亚、伊朗、约旦、哈萨克斯坦、吉尔吉斯斯坦、老挝、黎巴嫩、马尔代夫、摩尔多瓦、蒙古国、黑山、缅甸、尼泊尔、巴基斯坦、菲律宾、俄罗斯、塞尔维亚、斯里兰卡、叙利亚、塔吉克斯坦、泰国、土耳其、土库曼斯坦、乌克兰、乌兹别克斯坦、越南和也门。

表 5-11　中国对外贷款对"一带一路"共建发展中国家双边出口影响的实证结果

变量名称	"一带一路"共建国家			其他发展中国家		
	出口总额	出口产品种类数	产品平均出口额	出口总额	出口产品种类数	产品平均出口额
	OLS	OLS	OLS	2SLS	2SLS	2SLS
	（1）	（2）	（3）	（4）	（5）	（6）
ln*chn_debt*	0.0692**	0.0065	0.0627**	0.0608*	0.0036	0.0572*
	（2.15）	（0.45）	（2.11）	（1.74）	（0.23）	（1.74）
bri_year×ln*chn_debt*	0.0350	−0.0203	0.0553*	0.0674	−0.0059	0.0733*
	（0.98）	（−1.46）	（1.67）	（1.56）	（−0.34）	（1.82）
控制变量	控制	控制	控制	控制	控制	控制
时间固定效应	控制	控制	控制	控制	控制	控制
国家固定效应	控制	控制	控制	控制	控制	控制
Kleibergen-Paap rk LM statistic	—	—	—	226.677 [0.000]	226.677 [0.000]	226.677 [0.000]
Kleibergen-Paap rk Wald F statistic	—	—	—	412.772	412.772	412.772
样本量	1203	1203	1203	1203	1203	1203
R^2	0.9181	0.9372	0.8784	0.0851	0.0644	0.0664

（五）中国对外贷款、新冠疫情冲击与债务国出口

突如其来的新冠疫情对全球国际贸易体系造成深度冲击。各国出口企业普遍面临着新签外贸合同减少、已有订单履约受阻、国内国际运输受阻以及进口国更为严格的检验检疫措施等诸多挑战，这对抗风险能力相对较弱的发展中国家而言尤为明显。那么，受新冠疫情冲击的影响，中国对外贷款对债务国双边出口贸易的影响是否会有所不同？为了回答这一问题，本章首先构建新冠疫情冲击的虚拟变量（dum_covid_t），并在 2019 年及其之

后年份取值为 1。在基准估计的基础上，本章通过引入中国对外贷款与是否发生新冠疫情的交互项（$\ln chn\_debt_{it} \times dum\_covid_t$），检验新冠疫情冲击对中国对外贷款债务国出口创造效应的影响。

表 5-12 是新冠疫情冲击对中国对外贷款债务国出口创造效应影响的实证结果。根据表 5-12 第（1）列和第（3）列所示结果，中国对外贷款与疫情虚拟变量的交互项系数均为正，但在 10% 的置信水平上均无法通过显著性检验。这表明，新冠疫情发生后，中国对外贷款会在更大程度上促进债务国对中国出口总额、产品平均出口额的增长，但这一作用并不明显。表 5-12 第（2）列所示结果则表明，新冠疫情发生后，中国对外贷款会在更大程度上降低债务国对中国出口产品种类数，但这一影响在 10% 的置信水平上同样无法通过显著性检验。上述结果表明，中国对外贷款的债务国出口创造效应具有较强的韧性，外部环境冲击不会影响其有效性，中国对外贷款因而可以成为债务国有效应对全球性风险、保持国际经贸稳定发展的“稳定器”。

表 5-12　新冠疫情冲击对中国对外贷款债务国出口创造效应影响的实证结果

变量名称	出口总额	出口产品种类数	产品平均出口额
	（1）	（2）	（3）
$\ln chn\_debt$	0.0469*	−0.0016	0.0485*
	（1.75）	（−0.15）	（1.84）
$\ln chn\_debt \times dum\_covid$	0.0224	−0.0145	0.0369
	（0.76）	（−1.25）	（1.29）
控制变量	控制	控制	控制
时间固定效应	控制	控制	控制
国家固定效应	控制	控制	控制
Kleibergen-Paap rk LM statistic	214.393 [0.000]	214.393 [0.000]	214.393 [0.000]

续表

变量名称	出口总额	出口产品种类数	产品平均出口额
	（1）	（2）	（3）
Kleibergen-Paap rk Wald F statistic	1.5e+04	1.5e+04	1.5e+04
样本量	1644	1644	1644
R^2	0.0217	0.0436	0.0129

八、研究结论与政策建议

（一）主要研究结论

有效评估中国对外贷款对债务国出口增长的实际效果、厘清中国对外贷款在债务国出口创造效应的内在机制，是提出有效政策建议的基础。本章基于 2003—2022 年全球 104 个发展中国家的宏观数据，实证检验了中国对外贷款影响债务国对中国出口贸易增长的效果和机制。本章主要结论如下：

第一，中国对外贷款是推动债务国对中国出口总额增长的关键因素。降低贸易成本、提升劳动生产率以及改善营商环境是中国对外贷款发挥债务国出口创造效应的有效途径。

第二，中国对外贷款的债务国出口创造效应源于出口产品平均额的增长，而非出口产品种类变化，且不存在新产品进入与已有产品退出的动态调整。上述积极作用在“一带一路”共建发展中国家表现得尤为明显。

第三，中国对外贷款在促进债务国对中国双边出口增长的同时，还将进一步推动债务国在全球出口总额、债务国向中国外其他国家出口总额的增长，即不会产生出口转移效应。

第四，中国对外贷款的债务国出口创造效应具有较强的韧性，外部环境冲击不会影响其有效性。因此，中国对外贷款可成为债务国有效应对全球性风险、保持国际经贸稳定发展的有力支撑。

第五，中国对外贷款通过减少债务国对中国优势产品的出口种类数、增加债务国对中国优势产品平均出口额，从而推动债务国培育核心优势产品。此外，中国对外贷款还将推动债务国对中国非比较优势产品出口增长。

（二）政策建议

中国对外贷款致力于挖掘发展中国家长期经济增长的内在潜力，通过“授人以渔”为发展中国家融入国际市场开辟了新途径。本章不仅从出口增长视角评估了中国对外贷款的发展有效性，还明确了中国对外贷款发展有效性的优化方向，因而具有较强的政策启示意义。

从中国角度的政策建议如下：①注重提升发展中国家多样化产品的生产能力和国际竞争力。本章研究发现，中国对外贷款的债务国出口创造效应源于集约边际的增长，而非出口产品组合的调整。相较于集约边际，扩展边际更能体现一国出口能力和国际竞争力。此外，相对集中的出口结构也可能使发展中国家面临贸易条件恶化和汇率冲击等重大风险。因此，如何促进发展中国家出口产品多样化，是中国对外贷款未来应重点关注的领域之一。发展中国家新产品和服务提供能力有限、出口企业高度同质化以及出口成本较高都是制约出口产品种类增长的潜在因素，这也是未来促进发展中国家出口产品多元化可重点突破的环节。②持续关注发展中国家基础设施项目建设，促使其形成规模经济，以进一步激发其贸易成本降低效应和生产能力提升效应。本章研究发现，降低贸易成本、提升生产能力在推动中国对外贷款发挥债务国出口创造效应方面具有重要作用。贸易成本的削减得益于发展中国家交通设施的改善，生产能力提升得益于能源、仓储等生产性融资项目的顺利推进。因此，在推进“一带一路”高质量发展过程中，我国应继续将基础设施建设作为重点发展方向，致力于推动中国与发展中国家的资金融通和互联互通建设。未来更多的基础设施项目有助于实现规模收益递增效应，促进当地的产业集聚和物流升级。此外，基础设施建设具有很强的外部性，有助于实现中国与发展中国家“双赢”的发展局面。

从发展中国家角度提出的政策建议为：①充分把握中国对外贷款带来的新发展机遇，使其成为发展中国家有效应对外部环境不确定性的有力帮手。本章研究发现，中国对外贷款有利于发展中国家出口增长，这对发展中国家而言是难得的发展机遇，“债务陷阱”等不实观点并未得到经验数据的验证。一方面，中国与发展中国家共同应对国际舆论风险，积极回应“债务陷阱”等负面国际舆论，进一步推动南南合作；另一方面，通过提升资金使用效率、项目管理能力以及加强政策协调等方式，提升中国对外贷款在促进国内经济增长和对外经贸往来中的作用，助力 2030 年可持续发展目标实现。②积极参与“一带一路”倡议，齐心共建“一带一路”美好未来。本章研究表明，中国对外贷款的债务国出口创造效应在“一带一路”共建国家表现得尤为明显。当前全球经济处于疫情后的复苏关键期，发展中国家面临多重发展风险与挑战，然而，共建“一带一路”能够为提振世界经济发挥更大作用。发展中国家之间要夯实传统领域基础设施项目合作，共同推进新型基础设施项目合作，畅通贸易和投资领域合作渠道，探索建立更广阔的合作空间。

第 6 章

国际债务对债权国国际移民流入影响的实证研究

一、引言

发展中国家作为全球主要债务国，实现2030年可持续发展目标仍面临巨大的资金缺口。据世界银行统计，截至2021年，中低收入国家外债存量达到9.30万亿美元，约为2000年外债存量的五倍，外债存量占中低收入国家GNI的比重超过1/4（约为26.5%）。但是，在2023年至2025年间，发展中国家的外部融资需求预计仍达4290亿美元，这将主要依赖新增借款（World Bank，2021）。新冠疫情等全球性冲击不仅推高了发展中国家的融资需求，同时也削弱了各国经济基本面及其偿债能力，发展中国家要实现持久的经济复苏将更加依赖于债务融资（World Bank，2022）。由此可见，国际债务将成为发展中国家长期重要的资金来源，并深刻影响着发展中国家的经济社会发展。

OECD国家因其较强的经济实力成为发展中国家外部融资的重要资金来源，但多数OECD国家的经济发展仍面临着劳动力市场不景气，特别是国内劳动力短缺等问题。例如，2022年7月美国发布的职位空缺超过1100万，但美国国内失业人数不到600万（OECD，2022），这表明美国存在明显的劳动力供给缺口。德国的就业数据同样印证了这一问题。2018年德国约有120万个空缺职位，劳动力短缺已经对德国经济构成重大风险，吸引移民劳动力成为德国应对劳动力短缺的核心计划（United Nations，2022）。根据联合国统计数据，全球超过3/4的国际移民处于15 ~ 64岁的工作年龄，国际移民流入为弥补OECD国家劳动力缺口创造了机会。基于此，探讨如何吸引国际移民流入对于OECD国家而言具有重要现实意义。

那么，OECD国家在南北合作框架下向发展中国家提供的债务融资，在助力其实现发展目标的同时，能否有助于OECD国家解决本国劳动力短缺问题，从而实现“双赢”？本章基于2000年、2010年以及2015年OECD

国家与全球 106 个发展中国家的双边数据，对这一问题进行了深入探究。本章研究发现，国际债务有助于国际移民从债务国流向债权国，这一移民创造效应源于债务国居民收入水平提高、教育服务质量改善以及社会网络关系强化。进一步研究发现，国际债务有助于债权国从债务国引进国际人才，但是，其在优化债权国国际移民流入技术结构方面并未发挥明显的积极作用。此外，在南南合作框架下，国际债务对债权国从债务国吸引国际移民流入以及优化国际移民流入技术结构的影响并不显著，发展中国家在提升其对国际人才吸引力方面仍需做出诸多努力。

与已有研究相比，本章的边际贡献主要体现在以下三个方面：①不同于已有研究考察国际援助对国际难民流动的影响，本章将结合南北合作框架下双方面临的发展困境，从移民规模效应和移民结构效应两个维度，全面考察了国际债务对债权国和债务国之间国际移民流动的潜在影响，从而回答了国际债务能否助力债权国和债务国同时实现各自发展目标这一重要现实问题。此外，在全球人才争夺日益激烈的背景下，本章进一步考察了国际债务对债权国国际人才引进的影响，为一国提升国际人才竞争力提供了新思路。②已有研究从理论层面探讨了国际债务影响债权国吸引国际移民流入的内在机制，但对影响机制的实证检验还不充分。本章结合国际债务融资的特点，不仅详细论述了国际债务影响国际移民流动的理论机制，还对经验数据逐一加以实证检验，从而更清晰地认识国际债务与国际移民流动二者之间的关系，并丰富相关学术文献。③本章比较了国际债务对“南北移民”和“南南移民”影响的异同之处，从而为发展中国家有效引进国际人才提供有益参考。总之，本章的研究不仅有助于丰富国际债务经济影响的研究文献，而且对发达国家有效吸引国际人才、破解发展中国家发展瓶颈均具有一定的参考价值。

本章余下部分的结构安排为：第二部分为文献综述；第三部分为理论

机制分析，并提出研究假设；第四部分为模型设定与数据说明；第五部分为实证结果及分析；第六部分对影响机制进行了实证检验；第七部分为拓展性分析；最后在第八部分总结本章研究结论并提出政策建议。

二、文献综述

由于国内经济表现欠佳、储蓄－投资转化不足等方面的原因，发展中国家普遍面临融资约束问题，更加依赖于外部融资渠道（王钊、冯凯，2024）。具体包括以下三种渠道：一是国际投资，是指投资者通过投资建厂、入股经营等方式将资本投放至国外，以获取一定的经济收益的国际经济活动。国际投资属于权益型投资，以跨国公司为代表的投资者无法要求东道国支付固定数额的货币。若东道国经济形势不佳，国际投资收益将自动减少。二是国际债务，是指一国国内各类经济主体进行的跨国负债融资，包括需要偿还的本金和支付的利息。由于国际债务对债务人的要求更高，发展中国家政府主要依托主权信用或为企业提供信用担保来进行融资。三是国际援助，是指一国政府或国际组织向其他国家或地区提供的，用于经济和社会发展方面的无偿赠款、中长期无息或低息贷款，以促进受援国经济社会发展。其中，优惠贷款部分也属于一国国际债务。与国际投资不同，国际债务和国际援助同属债务型融资。无论借款人经济状况如何，都必须到期偿还贷款的本息。由于发展中国家对国际投资吸引力不足，国际债务成为发展中国家最为重要的外部融资渠道。本章主要梳理国际债务和国际援助经济影响的研究文献。具体如下：

已有研究对国际债务经济影响问题的讨论还很不充分，少数文献从债务国经济增长角度对这一问题进行了检验，但鲜有研究关注到国际债务对国际移民流动的影响。Reinhart 和 Rogoff（2010）基于政府债务数据提出

“债务－增长”呈倒“U”形关系。其后的实证研究不仅验证了这一观点，还从国内投资渠道（Panizza and Presbitero，2014）、国内需求渠道（Chudik et al.，2017）、风险溢价渠道（Eberhardt and Presbitero，2015）以及债务风险渠道（Gennaioli et al.，2014）等视角，剖析了政府债务影响一国经济增长的内在机制。不过，关于国际债务对债务国经济增长影响的研究相对较少，且研究结论不尽相同。例如，程宇丹和龚六堂（2015）认为，外债对债务国经济增长有显著的倒“U”形影响，而 Wang 等（2021）却发现外债导致债务国经济增长放缓。

更多的研究是基于国际援助数据展开的，主要考察了国际援助对受援国经济增长（Dreher et al.，2021）、工业发展（徐丽鹤等，2020）、对外贸易（Liu and Tang，2018；黄梅波、朱丹丹，2015）、生产要素跨国流动（Lanati and Thiele，2018a；Donaubauer，2016）以及国内政治稳定（Ravetti et al.，2018；李嘉楠等，2021）等多方面的影响。受援国公共服务改善、经济预期调整以及国家间技术差距，是上述研究重点讨论的影响机制。此外，也有研究关注了国际援助对国际难民流动的影响。这类文献将国际援助视为发达国家减少难民流入的移民管理措施之一，即发达国家以国际援助的形式帮助发展中国家实现发展目标，而受援国经济状况的改善能够减少该国的难民流出，从而缓解大规模国际难民流入对目的地造成的额外经济负担（Murat，2020；Restelli，2021；Clist and Restelli，2021）。然而，这一观点可能并不适用于分析国际债务对国际移民流动影响。其原因在于：

一方面，国际债务和国际援助在合作模式、融资成本、资金规模等方面的差异导致二者经济效益可能有所不同。具体而言：从合作模式来看，国际债务是一种市场化的借贷行为，而在国际援助中，援助国对资金投向的决定权和附加条款的存在，可能导致援助资金使用效率较低，且未必符合受援国的实际需求（熊婉婷等，2023）。从融资成本来看，国际援助强调贷款优惠性，对受援国未来资金占用较少，因而有观点认为国际援助会带动发展中国家经济增长，而国际债务却容易造成经济负担（Qayyum et al.，2014）。从资金供给来看，国际债务融资兼顾了债权国和债务国双方经济利益，更有可能成为发展中国家长期稳定的资金来源，这对于面临巨大资金缺口的发展中国家而言至关重要。相比而言，国际援助忽略了援助国的经济利益，在融资可持续性方面存在明显劣势。这一观点也得到统计数据的支持。2021 年中低收入国家外债总额增加了 4820 亿美元，同时期国际援助承诺额的增长规模仅为其1/2（约是2482.7亿美元）[①]，且存在承诺援助无法实现的可能。联合国曾明确指出，持续减少的官方发展援助已成为全球可持续发展面临的挑战之一[②]。因此，基于国际援助数据得到的研究结论在用于分析国际债务问题时可能存在诸多局限性，国际债务的实际经济效果有待经验数据检验。

另一方面，国际难民和常规国际移民定义的差异，导致影响二者跨国流动的动因可能存在明显不同。具体而言：国际难民多是迫于战争冲突、自然灾害等不可抗力而进行的非自愿移民，因而需要目的国提供大量的资金、医疗等资源维持其基本生活，这会增加目的国的经济负担。然而，常规国际移民是为了在全球范围内寻求更高的收入、更体面的工作以及更优质的教育等发展机会，能够为全球可持续发展做出积极贡献。麦肯锡全球研究院的一项报告显示，2015 年移民对全球 GDP 的贡献超过 9%，约为 6.7 万亿美元（Woetzel et al.，2016）。尤其是国际人才作为知识创造和技术进步的关键要素投入，在推动目的国经济发展方面能够发挥更大作用。因此，

① 国际债务数据来源于 *International Debt Statistics* 2022，国际援助数据来源于 Creditor Reporting System。

② 联合国可持续发展目标中明确指出了这一问题，详见 https://sdgs.un.org/goals。联合国对国际移民的定义中也明确指出了国际移民对可持续发展的积极作用，详见 https://www.un.org/en/global-issues/migration。

有必要针对性地考察国际债务对国际移民流动的影响，这也是对目的国经济发展具有重要现实意义的研究课题。

总的来看，已有研究为本章提供了重要参考。但是，符合债务国和债权国双方利益的国际债务融资将如何影响国际移民特别是国际人才的流动轨迹？其有效的作用机制包括哪些方面？已有研究尚未给出明确的答案。基于此，本章将在南北合作框架下，探讨 OECD 国家向发展中国家提供的债务融资对 OECD 国家双边国际移民流入规模和国际移民流入技术结构的影响，并实证检验其影响机制，从而为逐一回答上述问题提供经验证据。

三、理论机制与研究假设

通常而言，国际债务并不会直接影响国际移民流动，而是通过影响国际移民流动的决定因素来发挥间接作用（Lanati and Thiele，2018a）。在“推－拉”理论框架下，移民来源国人均 GDP、移民成本、稳定的政府和社会环境等经济社会因素是影响国际移民流动的重要推力（Borjas，1994；Caruso and De Wit，2015；魏浩等，2018）。因此，本章从经济因素和非经济因素两个维度，将国际债务影响国际移民流动的理论机制归纳为收入水平机制、社会网络机制和公共服务机制三个方面。具体如下：

（一）收入水平机制

从经济维度来看，国际债务影响国际移民自债务国流向债权国的首要机制是收入水平机制，该机制发挥作用的前提条件在于国际债务能否有效地促进债务国经济增长。具体而言：国内资金短缺迫使发展中国家寻求国外资金补充以实现本国发展目标（Qayyum et al.，2014）。尽管国际援助具有低融资成本的优势，但发展中国家对其接收的援助资金的使用缺乏决定权，从而导致援助资金存在使用效率低下的问题（熊婉婷等，2023）。这一观点也得到现实情况的证实。自 20 世纪 60 年代以来，已有超过 4.6 万亿美元的官方发展援助流入了低收入国家，然而，极端贫困和发展停滞不前的状况仍然极为普遍，传统的国际援助并未达到应有的经济效果（林毅夫、王燕，2020）[①]。由此可见，国际债务更有可能激发收入水平机制对国际移民流动的影响。

一国国内居民收入水平提升对本国移民流出可能产生不确定性影响，这主要取决于移民来源国经济状况（Dao et al.，2018；De Haas，2010）。具体而言：一方面，当一国人均收入处于较低水平时，国内居民收入的增长会减轻预算约束对国际移民流动的负面影响。贫困国家的个体将更有能力支付移民成本，为充分利用国家间收入差距、提高自身收入水平创造条件，此时，该国国际移民流出规模将有所增加。另一方面，当一国人均收入处于较高水平时，国家间收入差距不足以弥补富裕国家劳动者面临的移民风险和移民成本，较高的收入水平反而会增加该国居民移民机会成本、降低移民净收益，此时，该国国际移民流出规模将减少。也就是说，国际移民流出会随着一国收入水平的提高而增加，当收入水平增长到某一特定值时，又会成为稳定甚至抑制国际移民流出的因素，即“移民 - 发展”呈倒“U”形关系。经验分析进一步表明，“移民 - 发展”关系的转折点约为人均 7000 ~ 8000 美元，如果一国人均收入水平超过该转折点，该国移民流出将减少（Clemens，2014）。基于上述分析，本章提出假设 6-1。

假设 6-1：国际债务会通过提升债务国收入水平进而影响债务国国际移民流向债权国。如果收入水平机制是国际债务影响债务国移民流出的有效渠道，那么，其在推动经济发展水平较低国家国际移民流出方面将更为有效。

---

① 林毅夫，王燕 . 发展援助的转折点 [EB/OL].（2020-01-08）[2025-01-14]. https://www.nse.pku.edu.cn/sylm/xwsd/501133.htm.

（二）社会网络机制

社会网络效应是从双边视角探讨国际债务影响国际移民流动的特有机制。社会网络是影响移民跨国流动的重要因素之一，社会网络关系的加强降低了移民流动的信息搜寻成本，使其能更高效便捷地实现跨国流动（Massey，1990；魏浩、袁然，2020）。基于债务关系形成的日常接触会在债务国和债权国之间产生网络效应（Berthélemy et al.，2009）。然而，以促发展为主题的国际援助设置了一定的受援助门槛，其主要面向全球最不发达国家（周弘，2023）。相比而言，国际债务能够在国家之间建立起更为广泛的社会网络，从而提升社会网络机制发挥作用的可能性及其实际效果。

国际债务在两国之间构建起的社会网络关系有助于债务国移民流向债权国，这一渠道既可能源于债务融资项目实施过程中的实际接触，也可能源于潜在移民对一国的良好印象。具体而言：一方面，国际债务为两国加强双边直接联系创造了条件，使债务国的潜在移民能够获得更多关于债权国的信息，从而降低了潜在移民的信息获取成本和交易成本（Berthélemy et al.，2009；Lanati and Thiele，2018a）；另一方面，如果债权国的融资项目能够为债务国增加就业、经济增长以及改善生活条件等方面带来积极影响，这将有助于改善债权国在当地居民中的国家形象、改善双边关系，从而提升债权国对债务国潜在移民的吸引力（Dreher et al.，2019；Clist and Restelli，2021）。基于上述分析，本章提出假设 6-2。

假设 6-2：国际债务能够加强债务国和债权国的社会网络关系，进而促进国际移民由债务国流向债权国。如果社会网络机制是国际债务影响双边国际移民流动的有效渠道，那么，来自债务国的国际移民更倾向于选择债权国作为目的地。

（三）公共服务机制

公共服务效应是国际债务影响国际移民流动的重要非经济渠道。据估计，到2040年全球基础设施投资缺口达18万亿美元，发展中国家对资金的需求尤为迫切（Global Infrastructure Hub，2017）。这类项目不以营利为目的，具有投资额高、建设规模大、建设年限长、收益时间滞后、投资回报率低等特点，通常由政府主导完成。然而，国际援助除支持发展中国家发展外，还兼具外交考虑等多样属性（周弘，2023）。仅关注发展中国家的发展，反而可能使国际援助拨款“不可持续”（Natsios，2006）。这表明国际援助在资金投向、资金规模等方面未必满足发展中国家的实际需求。事实上，在过去20多年里，传统援助国在破解发展中国家基础设施瓶颈等方面给予的关注极少（林毅夫、王燕，2020）。因此，与国际援助相比，国际债务这种具有市场化借贷特征的债务融资能够流向其最需要的公共服务领域，从而为公共服务机制发挥作用创造条件。

国际债务通过公共服务渠道将对债务国国际移民流出产生不确定性影响。一方面，国际债务通过满足个体公共服务需求，有助于降低债务国国际移民流出规模。当债务国的公共服务水平无法满足个体基本需求时，该国居民只能通过移民国外来寻求更好的生活（Lanati and Thiele，2018a）。正因如此，个体对当地医疗、教育、空气质量、制度质量等方面的满意度可能成为比家庭财富更能影响国际移民决策的重要因素（Dustmann and Okatenko，2014），债务国个体的移民倾向会随当地公共服务质量的提升而下降（Lanati and Thiele，2018b）。另一方面，国际债务通过改善债务国公共服务水平，从而提升债务国个体移民能力。国际债务融资为债务国居民提供了更多接受教育、医疗等社会服务的机会，释放了个人原本用于这些领域的额外资金，从而提高个体支付国际移民成本的能力。此外，一国教育水平的改善能够增加本国劳动者的知识储备和技能水平，使其更有能力在国外发展，进而促进债务国国际移民流出（Gamso and Yuldashev，2018）。

基于上述分析，本章提出假设 6-3。

假设 6-3：国际债务可能通过改善债务国公共服务水平进而影响债务国流向债权国的国际移民规模，但影响方向存在不确定性。

四、模型设定与数据说明

（一）模型设定

为了检验国际债务对国际移民流动的影响，本章参考 Fitchett（2022）和 Dreher 等（2019）的研究，构建计量模型如下：

$$\ln mig_{ijt} = \alpha_0 + \alpha_1 \ln bildebt_{ijt} + \beta X_{ijt} + \gamma Z_{it} + \lambda_i + \lambda_{jt} + \varepsilon_{ijt} \qquad (6\text{-}1)$$

在式（6-1）中，下标 i、j、t 分别表示移民来源国（即债务国）、移民目的国（即债权国）和年份；被解释变量 $\ln mig_{ijt}$ 是 t 年 i 国流向 j 国的移民存量；解释变量 $\ln bildebt_{ijt}$ 是 t 年 i 国来自 j 国的外债存量；X_{ijt} 是移民来源国－目的国层面控制变量集合；Z_{it} 是移民来源国层面控制变量集合；λ_i 是移民来源国固定效应，以控制移民来源国不随时间变化的推动因素的影响；λ_{jt} 是移民目的国－时间固定效应，以控制移民目的国层面随时间变化的拉力因素的影响；ε_{ijt} 为随机扰动项。本章从经济、人口、移民成本和自然条件视角选取控制变量如下：

1. 国家双边层面控制变量（X_{ijt}）

具体包括：①收入差距（$\ln pgdp\_diff_{ijt}$），采用移民来源国和目的国人均 GDP 差额绝对值的对数值作为衡量指标。②生产能力差距（$prod\_diff_{ijt}$），采用移民来源国和目的国生产能力指数差额的绝对值作为衡量指标。该指数从人力资本、自然资本、能源、运输、ICT 水平、制度质量、跨境贸易便利度以及生产资源转移便利度等 8 个维度综合衡量一国生产能力。③人口结构差异（$young\_diff_{ijt}$），采用移民来源国和目的国青年人口占总人口比重差额的绝对值作为衡量指标。④贸易往来程度（$\ln biltrade_{ijt}$），采用移民来源国和目的国双边贸易总额的对数值作为衡量指标。⑤地理距离（$\ln disw_{ijt}$），采用按照人口加权后的两国地理距离的对数值作为衡量指标。

2. 债务国层面控制变量（Z_{it}）

具体包括：①自然灾害（$\ln damage\_o_{it}$），采用移民来源国自然灾害损失额的对数值作为衡量指标。②外资流入（$\ln fdi\_o_{it}$），采用移民来源国外资流入的对数值作为衡量指标。③来自其他国家外债规模（$\ln other\_debt_{it}$），采用移民来源国来自移民目的国以外其他国家外债存量的对数值作为衡量指标。

（二）数据说明

本章主要有以下两个数据来源：一是国际移民数据来源于 OECD DIOC 数据库。该数据库统计了 34 个 OECD 国家来自全球 200 多个国家或地区的移民流入情况。国际移民数据每隔五年更新一次，本章所用的数据年份为 2000 年、2005 年、2010 年和 2015 年。二是国际债务数据来源于 IDS 数据库。该数据库提供了 20 世纪 70 年代以来全球 120 个发展中国家详尽的外债存量综合统计数据。

此外，本章所用收入差距、人口结构差异和外资流入等指标来源于世界银行数据库，生产能力差距指标来源于 UNCTAD 数据库，双边贸易和地理距离指标来源于 CEPII 数据库，自然灾害数据来源于 Disaster EM-DAT 数据库。本章根据年份和国家名称进行数据匹配，最终获得 29 个 OECD 国家与全球 106 个发展中国家的双边数据，时间跨度为 2000—2015 年。表 6-1 详细列出了各主要变量的相关说明及其描述性统计。

表 6-1　指标说明与描述性统计

变量名称	指标说明及数据来源	样本量	均值	标准差	最小值	最大值
$\ln mig_{ijt}$	发展中国家流向 OECD 国家国际移民存量的对数值，OECD DIOC 数据库	2413	8.439	2.526	1.099	16.30
$\ln bildebt_{ijt}$	发展中国家来自 OECD 国家外债存量的对数值，世界银行国际债务统计数据库	2413	16.505	4.724	0	24.456
$\ln pgdp\_diff_{ijt}$	发展中国家与 OECD 国家人均 GDP 差额绝对值的对数值，世界银行数据库	2413	3.378	0.606	−1.317	4.451
$prod\_diff_{ijt}$	发展中国家与 OECD 国家生产能力指数差额的绝对值，UNCTAD 数据库	2413	0.153	0.058	0.002	0.323
$young\_diff_{ijt}$	发展中国家与 OECD 国家青年人口占总人口比重差额的绝对值，世界银行数据库	2413	6.529	5.175	0.001	23.288
$\ln biltrade_{ijt}$	发展中国家与 OECD 国家双边贸易总额的对数值，CEPII 数据库	2413	11.360	2.910	0.031	19.876
$\ln distw_{ijt}$	按照人口加权后的两国地理距离的对数值，CEPII 数据库	2413	8.624	0.694	5.938	9.815
$\ln fdi\_o_{it}$	发展中国家外资流入的对数值，世界银行数据库	2413	20.707	2.449	0	26.219
$\ln damage\_o_{it}$	发展中国家自然灾害损失额的对数值，Disaster EM-DAT 数据库	2413	5.699	6.051	0	16.937
$\ln other\_debt_{it}$	移民来源国来自移民目的国以外其他国家外债存量的对数值，世界银行国际债务统计数据库	2413	23.623	1.632	18.379	27.919

五、实证结果及分析

（一）基准估计结果

表 6–2 是国际债务影响国际移民流动的基准估计结果。在表 6–2 第（1）列至第（3）列中，本章依次加入核心解释变量、移民来源国 – 目的国层面控制变量以及移民来源国层面控制变量，同时控制移民来源国固定效应、移民目的国固定效应和年份固定效应。从上述结果可以看出，外债存量这一变量的估计系数均为正，且在 1% 的置信水平上通过显著性检验。在表 6–2 第（4）列至第（6）列中，本章借鉴 Lanati 和 Thiele（2018a）的做法，改为控制移民目的国 – 年份固定效应和移民来源国固定效应，这一方法的优势在于能够控制移民目的国难以观测的移民政策和多边阻力项等因素的影响。从上述结果可以看出，在调整固定效应的控制方法后，外债存量这一变量的估计系数未发生明显变化，且依然在 1% 的置信水平上通过显著性检验。总之，上述结果均表明，在南北合作框架下，OECD 国家向发展中国家提供的国际债务有利于其从发展中国家吸引国际移民流入。从经济显著性来看，发展中国家外债存量每增加 1 个单位标准差，OECD 国家来自该国的国际移民流入量平均增加约 0.04%，能够解释样本均值的 7.8%（$=0.04 \times 16.505/8.439 \times 100\%$）。

此外，从表 6–2 所示的结果可以进一步发现，双边贸易往来这一变量的估计系数在 1% 的置信水平上均显著为正，这表明双边贸易往来规模越大，越有利于 OECD 国家从发展中国家吸引国际移民流入。然而，双边地理距离这一变量的估计系数在 1% 的置信水平上却显著为负，这表明两国地理距离越近，越有利于 OECD 国家从发展中国家吸引国际移民流入。

表 6-2　基准估计结果

变量名称	OLS 估计					
	(1)	(2)	(3)	(4)	(5)	(6)
ln*bildebt*	0.0559***	0.0464***	0.0403***	0.0547***	0.0458***	0.0393***
	(7.61)	(6.70)	(5.63)	(7.37)	(6.64)	(5.44)
ln*pgdp_diff*		0.1686	−0.0628		0.1918	0.0360
		(1.03)	(−0.38)		(0.84)	(0.17)
prod_diff		3.4496	−3.3253		2.5452	−2.8728
		(1.13)	(−0.97)		(0.78)	(−0.77)
ln*biltrade*		0.4287***	0.2573***		0.4202***	0.2591***
		(17.40)	(9.42)		(17.02)	(9.45)
young_diff		−0.0136	−0.0233		−0.0220	−0.0303*
		(−0.94)	(−1.50)		(−1.51)	(−1.92)
ln*distw*			−1.2164***			−1.1578***
			(−14.40)			(−13.66)
ln*fdi_o*			−0.0369			−0.0355
			(−1.57)			(−1.51)
ln*damage_o*			−0.0009			0.0011
			(−0.11)			(0.14)
ln*other_debt*			−0.0943			−0.0535
			(−1.01)			(−0.59)
常数项	7.2711***	1.7672**	19.2084***	7.2852***	1.9786**	17.3408***
	(59.22)	(2.24)	(7.12)	(58.91)	(2.06)	(6.42)
目的国固定效应	控制	控制	控制	未控制	未控制	未控制
来源国固定效应	控制	控制	控制	控制	控制	控制
目的国－年份固定效应	未控制	未控制	未控制	控制	控制	控制
年份固定效应	控制	控制	控制	未控制	未控制	未控制

续表

变量名称	OLS 估计					
	(1)	(2)	(3)	(4)	(5)	(6)
样本量	3098	2913	2423	3090	2906	2413
R^2	0.6633	0.7046	0.7316	0.6858	0.7240	0.7478

注：*、**、*** 分别表示 10%、5% 和 1% 的统计显著性，括号内为经过异方差调整后的 t 值，本章以下表格均同。

（二）内生性处理

本章的内生性问题可能有以下两个来源：

一是可能遗漏了同时影响国际移民和国际债务却难以量化的变量，从而导致国际债务与误差项相关。本章通过加入移民来源国固定效应、移民目的国固定效应、移民目的国 - 年份固定效应以及年份固定效应等多重固定效应，来规避遗漏变量问题的影响。

二是发展中国家的国际移民流出与国际债务融资可能存在反向因果关系。其原因在于：国际移民可能游说目的国政府向其来源国提供更多的资金支持（Lanati and Thiele，2018a），此时，一国国际移民流出规模也会在一定程度上影响本国接收的国际债务融资规模（Czaika and Mayer，2011）。本章借鉴 Dreher 等（2019）的思路构建工具变量（Instrumental Variable，IV），以解决双向因果关系引发的内生性问题。具体做法为：本章首先计算了债务国来自特定债权国外债存量占债权国向所有国家提供的外债存量的比重，进而采用该变量与债权国政府分权程度的交互项作为 IV。该 IV 的合理性在于：政党联合执政会涉及投票问题，一国政府分权程度因而成为影响政府总支出的重要因素。已有研究表明，政府分权会增加政府总支出（Volkerink and De Haan，2001），这在一定程度上决定了该国提供对外借款的预算规模。总而言之，债权国政府分权通过影响政府支出和对外借款预算，进而促使该国对外借款国别分配发生变化，但债权国政府分权引起的对外借款规模变化外生于国际移民流入这一因素。为了检验 IV 的外生性问题，本章首先计算在加入控制变量、年份固定效应和目的国 - 年份固定效应后基准估计的各个残差项，进而检验 IV 是否会对残差项产生显著影响。检验结果表明，IV 估计系数在 10% 的置信水平上无法通过显著性检验，这在一定程度上证明了本章所用 IV 能够较好地满足外生性要求。

表 6–3 是内生性处理结果。根据表 6–3 第（1）列所示结果，IV 与债务国流向债权国的国际移民规模正相关，且在 1% 的置信水平上通过显著性检验，这表明本章构建的 IV 是有效的。此外，Kleibergen-Paap rk LM 统计量的 p 值反映出其在 1% 的显著性水平拒绝了“工具变量识别不足”的原假设，Kleibergen-Paap rk Wald F 统计量在各模型中均大于 Stock-Yogo 检验在 10% 的显著性水平上的临界值，说明不存在弱工具变量问题。进一步观察表 6–3 第（2）列所示结果，外债存量这一变量的估计系数显著为正，且在 1% 的置信水平上通过显著性检验。由此可见，在控制内生性问题的影响后，国际债务能够显著推动国际移民从发展中国家流向 OECD 国家。从经济显著性来看，发展中国家外债存量每增加 1 个单位标准差，OECD 国家来自该国的国际移民流入量平均增加约为 0.04%，能够解释样本均值的 12.85%（=0.0657 × 16.505/8.439 × 100%）。

表 6–3　内生性处理结果

变量名称	2SLS 第一阶段估计结果	2SLS 第二阶段估计结果
	（1）	（2）
ln*bildebt*		0.0657***
		（2.83）
frac×*share*	1.2526***	
	10.61	

续表

变量名称	2SLS 第一阶段估计结果	2SLS 第二阶段估计结果
	（1）	（2）
ln*pgdp_diff*	−0.0771	0.0470
	（−0.13）	（0.21）
prod_diff	24.0313**	−5.2428
	（2.11）	（−1.34）
ln*biltrade*	0.1367*	0.2605***
	（1.91）	（9.25）
young_diff	−0.1245***	−0.0256
	（−2.63）	（−1.56）
ln*distw*	−0.2662	−1.1428***
	（−1.41）	（−13.20）
ln*fdi_o*	−0.1301**	−0.0417*
	（−2.37）	（−1.70）
ln*damage_o*	0.0088	0.0040
	（0.45）	（0.54）
ln*other_debt*	1.3932***	−0.1324
	（4.20）	（−1.34）
常数项	—	2351
	—	0.2231
来源国固定效应	控制	控制
目的国－年份固定效应	控制	控制
Kleibergen-Paap rk LM statistic	—	97.003 [0.00]
Kleibergen-Paap rk Wald F statistic	—	112.517
样本量	2351	2351
R^2	—	0.2231

（三）稳健性检验

本章分别采用调整核心变量测度指标、更换内生性处理以及调整研究样本三种方法，进行了多视角的稳健性检验。具体做法如下：

1. 更换核心指标的衡量方法

基于该方法的稳健性检验包括：①本章改用外债存量占 GDP 比重作为替代解释变量，以此衡量债务国外债存量的相对规模；②结合国际移民数据每五年公布一次的特点，本章借鉴 Dreher 等（2019）的做法，改用移民目的国外债存量五年期均值作为替代解释变量，以此平滑一国外债存量波动对研究结论的影响；③本章更换控制变量的数据来源和测度方法，以此排除核心指标测度误差对研究结论的影响。具体而言：本章改用 UN comtrade 数据库公布的双边贸易数据和 UNCTAD 数据库公布的债权国外资流入数据，同时采用基于 CES 方法估算的双边地理距离和经价格水平调整后的自然灾害损失额作为上述控制变量的替代指标。表 6-4 第（1）列至第（6）列是调整核心变量测度方法的稳健性检验结果。OLS 和 2SLS 估计结果均表明，国际债务会显著促进国际移民由债务国流向债权国。由此可见，调整核心变量的测度指标不会影响本章的基准研究结论。

2. 更换内生性处理方法

为了更好地排除内生性问题对研究结论的影响，本章借鉴 Fitchett（2022）的做法，构建移动份额工具变量（shift-share IV）作为替代 IV，该指标的计算方法具体如下：

$$\ln shift\_share_{ijt} = z_{ijt_0}\sum_{j=1}^{J} g_{ijt} \qquad (6\text{-}2)$$

在式（6-2）中，z_{ijt_0} 为基期 t_0 年 i 国来自 j 国的外债存量占 t 年 j 国向所有国家提供的外债存量总额的比重；$\sum_{j=1}^{J} g_{ijt}$ 为 t 年 i 国来自所有债权国外债总额的年平均增长率。尽管债务国来自特定国家外债存量的增长率可能是内生的，但所有债权国对外借款总额的平均增长率与误差项并不相关。本章选取 1995 年作为基期，以避免当期外债份额受到内生冲击的影响，从而引起实证结果偏差。但是，由于基期外债数据缺失值较多，基于移动份额工具变量得到的估计结果会损失一定的样本量，本章因而将其作为稳健性检验。表 6-4 第（7）列是更换 IV 后的稳健性检验结果。可以看出，外债存量这一变量的估计系数在 1% 的置信水平上显著为正，从而再次证明了基准结论的稳健性。

表 6-4　基于调整核心变量和 IV 衡量方法的稳健性检验结果

变量名称	债务占 GDP 比重		五年期债务均值		替代控制变量		shift-share IV
	OLS	2SLS	OLS	2SLS	OLS	2SLS	2SLS
	（1）	（2）	（3）	（4）	（5）	（6）	（7）
debt_gdp	0.0632***	0.2747***					
	（3.72）	（3.05）					
ln*ave_bildebt*			0.0655***	0.1023***			
			（5.02）	（2.82）			
ln*bildebt*					0.0391***	0.0488**	0.3921**
					（5.14）	（2.12）	（2.22）
控制变量	控制	控制	控制	控制	控制	控制	控制
来源国固定效应	控制	控制	控制	控制	控制	控制	控制
目的地 - 年份固定效应	控制	控制	控制	控制	控制	控制	控制
Kleibergen-Paap rk LM statistic	—	38.366 [0.00]	—	87.761 [0.00]	—	89.288 [0.00]	48.567 [0.00]
Kleibergen-Paap rk Wald F statistic	—	38.470	—	118.093	—	118.963	24.362
样本量	2413	2351	2413	2351	2194	2136	1980
R^2	0.7489	0.0723	0.7485	0.2257	0.7593	0.2613	0.1602

3. 调整研究样本

基于该方法的稳健性检验包括以下几点：①本章依据 2015 年发展中国家外债存量规模对债务国进行排序，并剔除本章研究样本中的第一大债务国，以排除特定债务国对研究结论的影响；②本章按照 2015 年发展中国家来自 OECD 国家外债存量对债权国进行排序，并剔除本章研究样本中的第一大债权国，以排除特定债权国对研究结论的影响；③同时排除第一大债权国和第一大债务国的影响；④拓展债权国涵盖的国家范围。本章基于 OECD DIOC-E 数据库，将债权国样本由 OECD 国家拓展到全球 100 多个国家，进而检验研究结论是否受到样本国家范围的影响。表 6-5 是调整研究样本后的稳健性检验结果。从中可以看出，外债存量这一变量的估计系数在 1% 的置信水平上均显著为正，这表明基准研究结论不会受到特定研究样本的影响，表现出较强的稳健性。

表 6-5　基于调整研究样本的稳健性检验结果

变量名称	排除第一大债务国		排除第一大债权国		排除第一大债务国和债权国		拓展债权国范围	
	OLS	2SLS	OLS	2SLS	OLS	2SLS	OLS	2SLS
	(1)	(2)	(3)	(4)	(5)	(6)	(7)	(8)
ln*bildebt*	0.0397***	0.0686***	0.0391***	0.0630***	0.0395***	0.0647***	0.0430***	0.1090***
	(5.41)	(2.82)	(5.12)	(2.64)	(5.07)	(2.59)	(4.58)	(4.08)
控制变量	控制	控制	控制	控制	控制	控制	控制	控制
来源国固定效应	控制	控制	控制	控制	控制	控制	控制	控制
目的地－年份固定效应	控制	控制	控制	控制	控制	控制	控制	控制
Kleibergen-Paap rk LM statistic	—	91.419 [0.00]	—	92.613 [0.00]	—	87.229 [0.00]	—	105.050 [0.00]

续表

变量名称	排除第一大债务国		排除第一大债权国		排除第一大债务国和债权国		拓展债权国范围	
	OLS	2SLS	OLS	2SLS	OLS	2SLS	OLS	2SLS
	（1）	（2）	（3）	（4）	（5）	（6）	（7）	（8）
Kleibergen-Paap rk Wald F statistic	—	103.044	—	111.50	—	102.643	—	100.714
样本量	2354	2293	2181	2119	2126	2065	1651	1588
R^2	0.7414	0.2177	0.7122	0.1814	0.7041	0.1758	0.7249	0.2851

六、影响机制检验

（一）收入水平机制的检验

国际债务引致的债务国居民收入水平提升，一方面能够减轻移民预算约束对国际移民流动的负面影响，另一方面也可能增加移民机会成本。上述两方面作用的净效应主要取决于债务国经济状况。如果收入水平效应是国际债务影响债权国双边移民流入的有效机制，那么，其对经济发展水平较低债务国国际移民流出的促进作用更为明显。“移民 – 发展”关系理论认为，判定发展中国家经济增长水平高低的标准为人均 7000 ~ 8000 美元（Clemens，2014）。基于此，本章以人均 GDP 不低于 8000 美元为标准，将债务国按其经济发展水平分为两组，分别检验国际债务对不同经济发展水平债务国国际移民流出的影响。

表 6–6 第（1）列至第（4）列是收入水平机制的检验结果。根据表 6–6 第（1）列所示结果，外债存量这一变量的估计系数为负，但在 10% 的置信

水平上无法通过显著性检验，这表明对于经济发展相对落后的债务国而言，国际债务能够显著促进国际移民由本国流向债权国。然而，根据表 6–6 第（2）列所示结果，外债存量这一变量的估计系数在 1% 的置信水平上显著为正，这表明对于经济发展相对较好的债务国而言，国际债务则会减少国际移民由本国流向债权国，但这种负面作用并不显著。表 6–6 第（3）列和第（4）列所示的 2SLS 估计结果同样证实了上述研究结论。由此可见，收入水平机制是国际债务影响债权国吸引债务国国际移民流入的有效渠道。

（二）社会网络机制的检验

基于债务关系形成的常规联系会在债务国和债权国之间产生社会网络效应。社会网络关系的加强不仅有助于降低移民信息获取成本，由此建立的良好双边关系也有助于债权国和债务国之间的国际移民流动。如果社会网络机制是国际债务影响债权国双边移民流入的有效渠道，那么，来自债务国的国际移民会更倾向于选择债权国作为移民目的地。因此，本章将债务国国际移民分为流向债权国的移民规模和流向债权国以外其他国家的移民规模两部分，进而比较国际债务对上述两类国际移民流动的影响。

表 6–6 第（5）列和第（6）列是社会网络机制的检验结果。本章基准估计结果表明，国际债务能够显著地促进国际移民由债务国流向债权国（见表 6–2 第（3）列和第（6）列）。然而，根据表 6–6 第（5）列所示 OLS 估计结果，外债存量这一变量的估计系数为正，但在 10% 的置信水平上无法通过显著性检验，这表明国际债务不会显著地促进国际移民由债务国流向债权国以外其他国家。根据表 6–6 第（6）列所示 2SLS 估计结果，在控制内生性问题的影响后，外债存量这一变量的估计系数在 5% 的置信水平上显著为负，这表明国际债务会抑制国际移民由债务国流向债权国以外其他

国家。上述结果表明，国际债务会显著地影响债务国国际移民的目的地选择，促使其由其他国家转而流向债权国，即具有移民转移效应。由此可见，社会网络机制是国际债务影响债权国吸引债务国国际移民流入的有效渠道。

表 6-6 收入水平机制和社会网络机制检验结果

变量名称	收入水平机制				社会网络机制	
	pgdp ≥ \$8000	pgdp < \$8000	pgdp ≥ \$8000	pgdp < \$8000	流向债权国以外其他国家的移民	流向债权国以外其他国家的移民
	OLS	OLS	2SLS	2SLS	OLS	2SLS
	(1)	(2)	(3)	(4)	(5)	(6)
ln*bildebt*	−0.0051 (−0.27)	0.0480*** (6.21)	−0.0663 (−0.88)	0.0838*** (3.20)	0.0004 (0.71)	−0.0036** (−2.02)
控制变量	控制	控制	控制	控制	控制	控制
来源国固定效应	控制	控制	控制	控制	控制	控制
目的地－年份固定效应	控制	控制	控制	控制	控制	控制
Kleibergen-Paap rk LM statistic	—	—	7.057 [0.008]	100.802 [0.00]	—	97.003 [0.00]
Kleibergen-Paap rk Wald F statistic	—	—	14.643	121.894	—	112.517
样本量	184	2204	184	2143	2413	2351
R^2	0.7900	0.7520	0.2185	0.2324	0.9986	0.0370

（三）公共服务机制的检验

国际债务为发展中国家改善教育、医疗、交通等公共服务提供了资金支持，进而影响到债权国和债务国之间的国际移民流动。因此，本章将多视角全面检验国际债务能否显著提升债务国健康、教育以及制度等领域服务水平。这一部分的实证数据来源于 UNDP 数据库、WGI 数据库以及 Polity5 Dataset（version 2018）。其中，UNDP 数据库公布的人类发展指数从健康服务、教育服务以及收入水平等维度衡量了一国公共服务水平。本章还将采用 WGI 数据库公布的各项国内治理指数的均值来衡量一国的国内制度质量。此外，Polity5 Dataset 公布的民主程度指数衡量了一国政治状况，该指标取值范围为 −10 ～ 10，数值越大，表明一国的民主程度越高。与前文从债务国 – 债权国双边层面的机制检验思路不同，这一部分的研究将从债务国国家层面展开。

表 6–7 是公共服务机制的检验结果。表 6–7 第（1）列所示结果表明，总的来看，国际债务在改善债务国国内公共服务水平方面的积极作用并不显著。如果将债务国公共服务水平按照具体领域进一步细分为健康、教育和制度三个领域，国际债务对债务国不同领域公共服务水平的影响存在明显差异。具体地，就健康领域而言，根据表 6–7 第（2）列所示结果，外债存量这一变量的估计系数在 10% 的置信水平上无法通过显著性检验，这表明国际债务难以有效提升债务国居民的预期寿命；就教育领域而言，根据表 6–7 第（4）列所示结果，外债存量这一变量的估计系数在 10% 的置信水平上显著为正，这表明国际债务能够显著促进债务国居民平均受教育年限的提升；就制度领域而言，根据表 6–7 第（5）列和第（6）列所示结果，外债存量这一变量的估计系数在 10% 的置信水平上无法通过显著性检验，这表明国际债务在提升债务国制度质量和民主程度方面均未发挥显著的积极作用。综合分析上述结果可以看出，改善债务国教育服务质量是国际债务影响债权国吸引债务国国际移民流入的有效渠道。

表 6-7　公共服务机制检验结果

变量名称	HDI	健康领域	教育领域		制度领域	
		预期寿命	预期受教育年限	平均受教育年限	制度质量	民主程度
	（1）	（2）	（3）	（4）	（5）	（6）
ln*totdebt*	0.0358	−8.3741	−1.1072	6.7664*	0.1648	−0.5295
	（0.34）	（−1.34）	（−0.41）	（1.79）	（0.02）	（−0.56）
控制变量	控制	控制	控制	控制	控制	控制
来源国固定效应	控制	控制	控制	控制	控制	控制
目的地－年份固定效应	控制	控制	控制	控制	控制	控制
样本量	64	66	66	64	64	66
R^2	0.9943	0.9852	0.9827	0.9792	0.9479	0.9533

七、拓展性分析

（一）国际债务对债权国国际人才流入的影响

国际人才的技能水平和受教育程度均高于国际移民的平均水平（de Haas，2019），这类群体不仅信息获取能力更强，能够根据各国一系列明确条件选择最优的移民目的地，并且拥有更高且更稳定的收入，对其来源国基本公共服务的依赖性较低（Murat，2020）。从现实情况来看，吸引国际人才是发达国家尤为关注的问题，发达国家通过推进人才签证便利化、扩大人才认定范围、缩短门槛居住时间以及加快建设研发中心等多种方式，提升其对国际人才的吸引力。因此，本章参考 Berthélemy 等（2009）的做法，将接受过高中以上教育的国际移民界定为国际人才。在此基础上，本章分别计算债权国来自债务国国际人才流入规模（ln$talent_{ijt}$）和国际人才占债权国国际移民流入总量的比重（$talent\_share_{ijt}$）这两个指标，进而检验国际债务对债务国吸引国际人才的作用。

表 6-8 是国际债务对债权国国际人才流入影响的估计结果。就人才流入规模而言，表 6-8 第（1）列所示 OLS 估计结果表明，国际债务能够显著地促进国际人才从债务国流向债权国。就人才流入比重而言，表 6-8 第（3）列所示 OLS 估计结果则表明，国际债务对债权国国际人才占比的正向影响并不显著，其在优化债权国国际移民流入技术结构方面的积极作用并不显著。这是因为，国际债务通过提升收入水平、改善公共服务以及推动信息跨国流动，有利于债权国技术移民（即国际人才）和非技术移民流入，因而其在优化债权国国际移民技术结构方面发挥的积极作用并不显著。表 6-8 第（2）列和第（4）列所示 2SLS 估计结果再次证明了上述研究结论。从经济显著性来看，发展中国家外债存量每增加 1 个单位标准差，OECD 国家来自该国的国际移民流入量平均增加约为 0.04%，能够解释样本均值的 15.70%（=0.0752 × 16.505/7.906 × 100%）。

表 6-8　国际债务对债权国国际人才流入影响的检验结果

变量名称	技术移民规模		移民技术结构	
	OLS	2SLS	OLS	2SLS
	（1）	（2）	（3）	（4）
ln*bildebt*	0.0417***	0.0752***	0.0952	0.0059
	（5.59）	（3.30）	（1.32）	（0.03）
控制变量	控制	控制	控制	控制
来源国固定效应	控制	控制	控制	控制
目的地 – 年份固定效应	控制	控制	控制	控制
Kleibergen-Paap rk LM statistic		97.003 [0.00]		97.003 [0.00]

续表

变量名称	技术移民规模		移民技术结构	
	OLS	2SLS	OLS	2SLS
	（1）	（2）	（3）	（4）
Kleibergen-Paap rk Wald F statistic	—	112.517	—	112.517
样本量	2413	2351	2413	2351
R^2	0.7437	0.1881	0.6358	0.0587

（二）国际援助对援助国国际移民流入的影响

OECD 对 ODA 的定义突出强调了对低收入国家贷款的优惠度问题，其在 2017 版定义中指出，ODA 应满足赠款占比不低于 25%，2018 版的定义进一步强调，向低收入国家提供的 ODA 应满足赠款占比不低于 45%。由此可见，国际债务和国际援助的核心区别在于债务国融资成本的差异，这可能进一步导致二者经济影响不同。基于此，本章依据 OECD 数据库公布的双边承诺 ODA 数据，比较国际债务和国际援助对债权国双边国际移民流入影响的异同之处。

表 6–9 是国际援助对援助国国际移民流入影响的检验结果。表 6–9 第（1）列和第（2）列所示结果均表明，ODA 能够显著促进援助国来自受援国移民流入规模的增长。根据表 6–9 第（2）列所示的 2SLS 估计结果，发展中国家接收的 ODA 规模每增加 1 个单位标准差，OECD 国家来自该国的国际移民流入量平均增加约为 0.2552%，能够解释样本均值的 15.99%（=0.2552 × 5.286/8.439 × 100%）。如果聚焦于国际人才跨国流动情况，表 6–9 第（3）列和第（4）列所示结果表明，官方发展援助能够显著促进援助国来自受援国国际人才流入规模的增长。根据表 6–9 第（4）列所示的 2SLS 估计结果，发展中国家接收的 ODA 规模每增加一个单位标准差，

OECD 国家来自该国的国际人才流入量平均增加约为 0.2870%，能够解释样本均值的 19.19%（=0.2870 × 5.286/7.906 × 100%）。此外，表 6-9 第（6）列所示 2SLS 估计结果也表明，官方发展援助有利于优化援助国来自受援国国际移民流入技术结构，而这是国际债务尚未发挥积极作用的重要领域（如表 6-8 第（4）列所示）。根据表 6-9 第（6）列所示的 2SLS 估计结果，发展中国家接收的 ODA 规模每增加 1 个单位标准差，OECD 国家来自该国国际移民技术结构平均优化程度约为 0.8431%，能够解释样本均值的 7.21%（=0.8431 × 5.286/61.818 × 100%）。

国际债务和国际援助二者呈现出差异性结论的可能原因在于：一方面，国际援助不仅包括财政援助，也涵盖接受留学生和研究生、培训受援国技术人员等多种形式的技术援助，这都将直接推动两国之间技能移民的流动；另一方面，国际债务的融资成本通常比官方发展援助会更高，还本付息对资金的占用可能在一定程度上抵消国际债务对发展中国家经济增长的积极作用。上述结果凸显了贷款优惠性对国际发展融资有效性的重要影响。从现实情况来看，虽然提高贷款优惠性有助于降低债务国还本付息压力，但过于优惠的贷款条件会忽视债权国融资收益，削弱债权国对外贷款动力，从而难以为发展中国家提供长期稳定的资金供给，这对面临巨大资金缺口的发展中国家而言也带来了一定的挑战。

表 6-9　国际援助对援助国国际移民流入影响的检验结果

变量名称	国际移民流入规模		国际人才流入规模		国际移民技术结构	
	OLS	2SLS	OLS	2SLS	OLS	2SLS
	（1）	（2）	（3）	（4）	（5）	（6）
ln*oda*	0.1120***	0.2552***	0.1093***	0.2870***	−0.1061	0.8431**
	（11.67）	（6.07）	（10.38）	（6.71）	（−1.30）	（2.26）
控制变量	控制	控制	控制	控制	控制	控制

续表

变量名称	国际移民流入规模		国际人才流入规模		国际移民技术结构	
	OLS	2SLS	OLS	2SLS	OLS	2SLS
	（1）	（2）	（3）	（4）	（5）	（6）
来源国固定效应	控制	控制	控制	控制	控制	控制
目的地－年份固定效应	控制	控制	控制	控制	控制	控制
Kleibergen-Paap rk LM statistic	—	144.866 [0.00]	—	144.866 [0.00]	—	144.866 [0.00]
Kleibergen-Paap rk Wald F statistic	—	35.813	—	35.813	—	35.813
样本量	2413	2160	2413	2160	2413	2160
R^2	0.7632	0.1450	0.7570	0.0627	0.6357	0.0028

（三）国际债务、南南合作与债权国国际移民流入

前文在南北合作框架下，证实了 OECD 国家向发展中国家提供的债务融资有助于其从发展中国家吸引国际移民，特别是国际人才流入，以缓解国内劳动力短缺问题。那么，这一积极影响在南南合作框架下是否同样适用？为了回答这一问题，本章基于 2000 年和 2010 年 OECD DIOC-E 数据库公布的全球 100 多个移民目的国的双边国际移民流动数据，参考联合国对发达国家和发展中国家的划分标准[①]，将债权国分为发展中国家和发达国家，进而从债权国异质性角度比较国际债务对债权国和债务国之间国际移民流动的影响。

表 6-10 是债权国异质性视角的检验结果。根据表 6-10 第（1）列和第（3）列所示的 2SLS 估计结果，可以看出，当债权国为发达国家时，国际债

① 发达国家和发展中国家划分标准详见联合国发布的 *World Economic Situation and Prospects* 2023。

务能够显著促进国际移民和国际人才由债务国流向债权国，这也在一定程度上印证了前文的研究结论。但是，根据表 6-10 第（2）列和第（4）列所示的 2SLS 估计结果，当债权国为发展中国家时，国际债务难以有效地促进国际移民和国际人才由债务国流向债权国。出现这一差异性结论的可能原因在于：发展中国家在工资水平、创新能力、教育水平以及生活条件等方面均处于相对劣势地位，而已有研究表明，上述因素却是一国吸引国际移民，特别是国际人才流入的关键因素（González and Mesanza，2011；Beine et al.，2014）。此外，表 6-10 第（5）列和第（6）列所示结果表明，无论债权国是发展中国家还是发达国家，国际债务在优化债权国国际移民流入技术结构方面尚未发挥显著作用。

表 6-10　债权国异质性视角的检验结果

变量名称	国际移民流入规模		国际人才流入规模		国际移民流入技术结构	
	发达国家	发展中国家	发达国家	发展中国家	发达国家	发展中国家
	（1）	（2）	（3）	（4）	（5）	（6）
ln*bildebt*	0.1474***	0.0296	0.1592***	0.0136	−0.1513	−0.3486
	（3.83）	（0.69）	（4.04）	（0.39）	（−0.46）	（−0.49）
控制变量	控制	控制	控制	控制	控制	控制
来源国固定效应	控制	控制	控制	控制	控制	控制
目的地 - 年份固定效应	控制	控制	控制	控制	控制	控制
Kleibergen-Paap rk LM statistic	80.420 [0.00]	15.878 [0.00]	80.420 [0.00]	15.878 [0.00]	80.420 [0.00]	15.878 [0.00]
Kleibergen-Paap rk Wald F statistic	59.484	17.271	59.484	17.271	59.484	17.271
样本量	1366	200	1366	200	1366	200
R^2	0.1550	0.5426	0.1201	0.4857	0.0546	0.3484

八、研究结论与政策建议

（一）主要研究结论

债务融资对发展中国家国内经济发展和国际经贸往来的积极作用已在前文得到证实。那么，债务融资对债权国而言，究竟是“单向付出”还是“互利共赢”？为了回答这一问题，本章基于2000年、2010年和2015年OECD国家与全球106个发展中国家的双边数据，考虑到OECD国家经济发展面临的劳动力短缺和人才储备不足等现实问题，实证检验了国际债务对债权国吸引债务国国际移民流入影响及其机制。

本章的主要研究结论如下：第一，国际债务有助于债权国吸引来自债务国的国际移民流入，这一移民创造效应主要源于债务国居民收入水平提升、教育服务质量改善以及社会网络关系加强。第二，国际债务有助于债权国吸引来自债务国国际人才流入，但其在优化债权国移民流入技术结构方面的积极作用并不显著。与此不同的是，官方发展援助在优化援助国国际移民流入技术结构方面发挥了一定的积极作用，这一差异反映了贷款优惠度对债务融资经济效果的重要作用。第三，在南南合作框架下，国际债务对于债权国吸引来自债务国国际移民流入和优化国际移民流入技术结构并未产生显著的积极影响，发展中国家提升其对国际人才的吸引力仍任重而道远。

（二）政策建议

发展中国家和发达国家经济发展分别面临国内资金短缺和国内劳动力不足的发展瓶颈，这给实现可持续发展目标带来了一定的挑战。基于此，本章的研究具有重要的政策启示。根据上述研究结论，本章提出以下三点政策建议：

第一，在债务风险可控的前提下，发达国家可以适度加大对发展中国家的资金支持力度。本章研究结果表明，OECD 国家向发展中国家提供的债务资金支持，不仅能够帮助发展中国家突破资金短缺的发展瓶颈，还能提升其对国际移民特别是国际人才的吸引力，从而实现“互利共赢”。基于此，发达国家应加强对发展中国家债务风险的动态评估，同时结合各国资金缺口规模及重点领域，适度增加其对发展中国家的债务融资规模，为吸引来自债务国技能劳动力流入创造更大的空间。

第二，如何激发国际债务在提升发展中国家公共服务水平方面的有效性，是未来债务国和债权国应共同关注的重要问题。本章研究发现，国际债务在提升债务国教育服务水平方面发挥着积极作用，但其在医疗卫生、社会制度、政府效率等领域尚未发挥应有的积极作用。一方面，发达国家作为债权国，可以将其在服务业发展方面的比较优势与海外融资项目选择充分结合，着力提升项目质量和经济效益，更好地助力发展中国家教育、医疗卫生、社会制度等领域的发展；另一方面，发展中国家作为债务国，也应着力提升其对国际债务资金使用效率和项目管理能力，充分把握国际债务融资所带来的发展机遇。

第三，发展中国家在提升国际人才吸引力方面仍需付出诸多努力。本章研究发现，若债权国为发展中国家，国际债务难以促进债权国吸引来自债务国的国际人才流入。其原因在于，国际人才的技术优势使其在进行移民目的地决策时拥有较大的选择空间，发展中国家着力打造自身对国际人才的独特吸引力。具体可以从以下两个方面入手：一方面，发展中国家要着力提升国内收入水平、生活质量、教育资源和创新能力等吸引国际人才流入的核心因素；另一方面，发展中国家要充分借鉴发达国家引进国际人才的成功经验，同时结合本国经济发展的实际人才需求，通过全方位营造良好生活环境等多种措施，形成其对国际人才的独特吸引力。

第 7 章

发展中国家国际债务发展机遇、挑战与策略分析

一、引言

全球债务问题历来是学术界、各国政府以及国际组织高度关注的重要话题。全球经济和融资格局的深刻变化，使得国际债务发展面临着新机遇与新挑战。具体而言：首先，在新冠疫情、战争冲突等多重因素冲击下，全球经济增速明显放缓，国家（或地区）间经济增长呈现出分化态势，且全球经济前景仍面临诸多不确定性（IMF，2024）。鉴于发展是化解全球债务问题更为有效的途径，全球经济增长的不确定性将深刻影响国际债务的未来发展态势。其次，随着百年变局加速演进，经济全球化进程面临新形势，全球治理也面临新挑战。过去几十年来，经济全球化促使各国经济相互竞争与合作，促进国际贸易、国际金融和国际分工格局发生巨大改变。然而，经济全球化进程并非一帆风顺，单边主义、保护主义以及新冠疫情等因素给经济全球化带来一些新情况、新挑战，进而引起全球治理体系变革。最后，全球融资环境依然充满机遇与挑战。一方面，全球范围内用于基础设施部门较大项目的国际项目融资下滑，对发展中国家可持续发展目标的投资减少；另一方面，数字政务工具的使用和推广有助于解决治理和制度中阻碍国际融资、妨碍推进可持续发展的深层缺陷，国际融资迎来了新的发展机遇（UNCTAD，2024）。因此，在国际经济发展新形势下，详细剖析发展中国家国际债务发展机遇与挑战问题显得尤为重要。

在国际形势动荡加剧、世界经济复苏乏力的背景下，中国经济发展却表现出较强的韧性和巨大的发展潜力，为世界经济提供更多的合作契机和更大的发展红利。2023 年，中国国内生产总值超过 126 万亿元，增长 5.2%，增速居世界主要经济体前列。IMF 鉴于中国等主要经济体增长充满韧性的事实，上调了 2024 年中国经济和亚洲新兴经济体的增长预期。中国经济发展也为世界经济增添了更多动力。截至 2024 年 7 月，中国全球发展项目总数超过 1000 个，已完成和正在实施的项目达 500 多个，我国还对全球发展和南南合作基金进行升级并进一步增资，与 20 多个国际组织在 60 多个国家开展了 140 多个三方合作项目，并为发展中国家举办 1000 多期能力建设项目，培训各类人才 4 万多名（国家国际发展合作署，2024）[①]。我国在国际发展合作中积累了丰富的实践经验，并依托共建“一带一路”倡议、全球发展倡议，提供了丰富的国际公共产品供给，充分展现了中国的大国责任担当（李小云，2024）[②]。鉴于中国在国际发展合作中发挥着日益重要的作用，在探讨发展中国家国际债务发展机遇与挑战问题时，有必要重点从中国视角进行分析，以期为推动南南合作提供有参考价值的政策建议。

基于此，本章将分别从全球视角和中国视角，详细分析发展中国家国际债务发展面临的新机遇与新挑战，进而提出针对性政策建议。本章后续部分的内容安排为：第二部分阐述了发展中国家国际债务发展的新机遇；第三部分总结了发展中国家国际债务发展的突出挑战；第四部分提出了发展中国家国际债务发展的策略分析的政策建议；最后在第五部分总结本章研究结论。

二、发展中国家国际债务发展的新机遇

（一）全球经济复苏与转型为化解发展中国家外债风险提供有力支撑

发展中国家的债务问题由来已久，解决这一问题的关键在发展。在

① 国家国际发展合作署，王毅在全球共享发展行动论坛第二届高级别会议开幕式上的讲话，2024 年 7 月 12 日。

② 李小云 . 谱写国际发展合作的新篇章（国际论坛）[N]. 人民日报，2024-07-23（2）.

过去几年间，全球经济先后经历了三重冲击：一是疫情后供应链出现扰动；二是俄乌冲突引发了能源和粮食危机；三是通货膨胀大幅飙升（Gourinchas，2024）。为了最大限度减少负面冲击对世界经济的不利影响，如何实施有力有效的财政政策和货币政策，加强国际金融监管和国际宏观经济政策协调，成为国际组织和各国政府高度关注的问题。幸运的是，全球通货膨胀从2022年中期的峰值稳步回落，全球经济活动逐步复苏，国际社会对滞胀和全球经济衰退等问题的担忧也并未成为现实。根据IMF的预测结果，全球经济在短期内将保持相对稳定，2024年和2025年的全球经济增速将稳定在3.2%，在未来5年内，全球经济增速预计将维持在3.1%左右。特别值得一提的是，新兴市场和发展中经济体增长较为强劲，2024年经济增长预计为4.2%（IMF，2024）。总之，全球经济稳定发展的前景，特别是发展中国家经济较快增长，为有效地避免发展中国家普遍陷入债务危机奠定了良好的经济基础。

在全球经济稳步复苏的同时，全球经济转型为进一步挖掘经济增长空间创造了条件。一方面，绿色经济和数字化转型日益成为全球经济的新增长点。世界各国正加大在数字经济、绿色经济等领域的投入，这些新的经济增长点不仅为世界经济带来更为广阔的发展空间，还提供了更加持续、强劲的增长动力。另一方面，数字经济发展为发展中国家提供了独特机遇。数字技术和数字基础设施建设对原材料依赖度高。非洲丰富的钴、铜和锂等矿藏对全球低碳化和数字化转型至关重要。据世界银行估计，到2050年，数字化所需的石墨、锂和钴等矿物的需求量将激增500%（UNCTAD，2024）。如果资源丰富的发展中国家能够提升相关矿产资源的价值，并有效利用其经济收益，全球经济转型将为这些国家带来难得的发展机遇，助力其提升应对债务风险的能力。

（二）数字经济快速发展为国际发展合作增添新动能

数字经济发展不仅提供了新的经济增长点，还为推动国际发展合作增添了新动能。这集中体现在优化债务风险监管、推进债务数据库建设以及改善债务融资环境等三个方面。

首先，在风险监管方面，数字技术的应用能更有效地识别一国的债务风险。在过去几十年间，全球主权债务违约事件频繁出现，主权债务危机时有发生。债务危机本质上是债务违约积累到一定阶段的产物（周玉渊，2023），而应对危机的最佳策略是提前预防危机的发生。近年来，数字经济的蓬勃发展推动了云计算、大数据、人工智能等技术的应用，这些技术有助于更加精准地识别潜在的债务违约风险，并及时进行债务风险预警。因此，数字技术的普及在优化发展中国家债务风险监管、降低债务危机发生概率等方面将发挥重要作用。

其次，在数据库建设方面，数字技术发展为加强数据统计、保障数据安全创造了前提条件。债务信息的公开透明有助于债权人准确评估债务国的财政状况，合理约束债务国政府的行为（周诚君等，2021）。然而，世界银行曾指出，债务管理和信息统计能力的缺乏已经成为影响债务数据质量的制约因素之一。IMF 等国际组织或机构各自管理多个债务数据库，各数据库之间存在数据不一致、统计标准不统一等问题（徐雪梅，2023）。二十国集团智库会议（T20）建议引入由区块链技术驱动的债务登记存管平台。日趋完善的数字技术为构建债务数据平台，降低技术风险，保障数据跨国流动的安全性奠定了基础。

最后，在融资环境方面，数字技术的发展降低了国际融资成本，促进了国际融资便利化。一方面，大数据、人工智能、区块链等数字金融技术迅猛发展，逐渐融入金融服务的各个环节，显著提升了金融服务的质量和效率（赵春，2024），拓宽了国际金融服务的覆盖范围；另一方面，发展中国家通过精简程序、提高透明度等数字工具营造更有利的融资环境，并通过数字营商、投资便利化等途径解决一国治理和制度中阻碍国际资本流动的深层因素（UNCTAD，2024）。

（三）中国对外贷款通过“授人以渔”为发展中国家提供新的发展机遇

随着中国经济实力提升、“一带一路”建设有效推进，中国实现了由债务人向兼具债权人和债务人身份的转变。中国对外贷款不仅是全球公共产品的重要提供者，其具备的“耐心资本”特征更是稳定和化解发展中国家债务问题的有效渠道。具体而言：

一方面，中国对外贷款多为生产性使用，拓宽了发展中国家长期经济增长的空间。从历史经验来看，20 世纪 80 年代爆发的拉美债务危机表明，外债的非生产性使用可能引发外债危机。拉美国家外债大多用于弥补国际收支失衡和财政赤字、进口消费品等非生产性用途，外债使用效率较低，这成为拉美债务危机的诱因之一（王学凯，2022）。而中国对外贷款秉承“授人以鱼不如授人以渔”的理念，认为融资是要解决发展问题。我国在二十国集团（G20）财长和央行行长会议上提出建议，“G20 应推动多渠道动员发展融资”“创新基础设施融资方式、真正扩大资金来源和增加资金规模”。中国的发展融资具有务实性、灵活性和有效性的特点，发展中国家基础设施的改善为其实现可持续发展目标提供了更大空间。特别是在数字经济蓬勃发展的背景下，中国在基础设施领域开展的融资项目能够有效地解决发展中国家面临的数字鸿沟问题，助力发展中国家更好地融入数字经济时代。

另一方面，中国对外贷款具有逆经济周期特点，避免了发展中国家经济增长的大幅波动。当发展中国家出现经济不稳定因素时，资金供给方对该国未来的经济信心可能有所下降。为了寻求更稳定和高收益的投资环境，投资者可能将其资本转移到其他国家，而国外资本大规模外流将进一步加剧发展中国家的经济波动。然而，中国基于长时限、逆周期的逻辑，为发展中国家提供对外贷款，在风险评估时不局限于追求短期回报，而是致力于实现中国与发展中国家在中长期的互利共赢（王钊、冯凯，2024）。也就是说，中国提供的反经济周期的长期贷款，使我国成为维护发展中国家经济稳定的重要支撑。

（四）中国为完善全球债务治理体系注入新动力

作为全球第二大经济体和第一大双边债权人，中国发展融资模式具有其独特性，主要体现在融资领域较为聚焦、融资条件相对灵活、以项目融资为主而非财政贷款，最大限度保证贷款用于生产性领域等三个方面（周玉渊，2020）。上述特点充分考虑了发展中国家的迫切需求，中国对外贷款为推动全球债务治理体系改革注入新动力。具体而言：

首先，在债务形成管理方面，中国积极倡导并践行以发展为导向的融资理念。中国对外贷款不仅在缓解发展中国家基础设施投资缺口方面发挥了重要作用，还以海外融资项目作为媒介推动商品、技术、人才等要素的跨国流动，充分体现出发展导向性的融资理念。随着中国对外贷款影响力的日益增强，这一融资理念越来越得到广泛的关注和认可，为优化债务形成管理奠定了基础。

其次，在债务可持续性管理方面，《“一带一路”债务可持续性分析框架》将发展可持续性理念融入债务管理机制。2019 年 4 月 25 日，中国财政部在第二届“一带一路”国际合作高峰论坛发布了《“一带一路”债务可持续性分析框架》，倡导用发展的眼光看待发展中国家债务可持续性问题。该分析框架既彰显了我国在债务可持续性问题上积极、开放的态度，也体现了我国对“一带一路”低收入国家实际国情和发展需求的重视，有助于提升“一带一路”参与各方投融资决策的科学性，增强有关国家债务管理能力，推动共建“一带一路”高质量发展。

最后，在债务减免方面，中国为纾缓发展中国家债务困境做出重要贡献。在新冠疫情全球蔓延、美联储连续加息等冲击下，发展中国家债务的脆弱性和可持续性问题进一步凸显。债务减免是帮助发展中国家应对全球性冲击最有效的方式（Brown and Summers，2020）。作为最大的发展中国家和新兴债权人，中国参与并落实 G20《暂缓最贫困国家债务偿付倡议》，成为 G20 成员中落实缓债金额最多的国家。我国有关非官方金融机构也参照缓债倡议条款采取缓债行动，这在 G20 国家当中并不多见。此外，我国还在债务处理共同框架内，开展了对部分国家的个案债务处理①。总之，我国采取的多种债务减免措施为缓解发展中国家的债务困境发挥了积极作用。

三、发展中国家国际债务发展的突出挑战

（一）新一轮债务危机正在发展中国家间蔓延

自 20 世纪 70 年代以来，发展中国家先后经历了多轮债务危机，每一轮债务危机都在不同程度上致使全球经济增长放缓、国际金融市场波动，甚至引发国际局势动荡。当前，发展中国家正面临 20 世纪 90 年代以来增长最快、规模最大的债务负担，特别是 2020 年以来，全球主权债务违约

① 中国新闻网．外交部：中方全面落实 G20 暂缓最贫困国家债务偿付倡议 [EB/OL].（2022-02-17）[2025-01-14]. https://www.chinanews.com.cn/gn/2022/02-17/9679192.shtml.

事件频发，发展中国家债务可持续性问题成为全球共同面临的挑战之一。根据世界银行和 IMF 的债务可持续性评估，截至 2024 年 7 月，全球 69 个低收入国家中，已有 10 个国家陷入外债危机，24 个国家正处于外债高风险状态[①]。债务危机本质上是债务违约积累到一定程度的产物（周玉渊，2023），发展中国家债务问题的出现是内外部因素共同作用的结果（王钊、冯凯，2024）。

内部因素是导致发展中国家新一轮外债危机形成的主要原因，主要体现在发展中国家外部收支失衡、财政收支问题以及债务结构不合理等三个方面。首先，发展中国家外部收支失衡，加之国内基础设施投资需求增加，致使外债迅速积累。长期以来，部分发展中国家采取资源出口导向型发展战略。在全球经济危机和国际需求锐减等因素的影响下，这些国家均不同程度地出现出口贸易和经济增长下滑，经常账户长期逆差以及外汇储备持续下降等问题。然而，为了满足日益增长的基础设施投资需求，发展中国家开展了大规模外债融资，进而导致发展中国家外债存量屡创新高。其次，部分发展中国家缺乏严格有效的财政收支管理制度。出现债务危机的发展中国家普遍缺乏严格的财政管理机制，税收收入偏低，预算外财政支出较高，同时缺乏有效的债务管理机制（中国银行研究院课题组，2024），这都是导致发展中国家出现债务危机的重要原因。最后，外债结构不合理也是一国出现外债危机的内因之一。从理论视角来看，如果一国外币计价债务和短期债务占比较高，该国出现外债违约风险就越高（Panizza et al.，2009）。而从现实情况来看，在过去的十多年间，发展中国家优惠贷款比重、短期债务比重以及外债偿付比等指标均出现不同程度的恶化。此外，新冠疫情冲击、国际局势不稳定以及欧美国家货币政

① 世界银行和 IMF 债务可持续性评估结果详见 https://www.worldbank.org/en/programs/debt-toolkit/dsa。

策收紧等国际经济大环境，进一步加速了发展中国家外债危机的全球蔓延（徐奇渊等，2023）。

（二）发展中国家在外债与发展之间尚未形成有效连接

外债能否有效地促进发展中国家经济增长，根本上还要取决于该国的债务管理能力（Rajah et al.，2019）。发展中国家有限的债务管理能力导致其难以在“债务－发展”之间形成有效的连接。这主要体现在以下两个方面：

首先，发展中国家在国际债务管理方面参与度较低，国际金融机构和发达国家债权国在债务管理过程中占据主导地位。这是因为，主权借贷均需通过国际金融市场完成，由此确立了国际金融市场在主权借贷中的中心地位，强化了发达国家在国际债务管理中的主导权（王金强、黄梅波，2022）。这一现实特点可能会影响债务与发展关系的有效连接：一方面，控制外债规模是国际金融机构债务管理的重要目标，然后，这一政策目标却忽略了发展中国家的实际资金需求，很可能会限制债务国的发展资金投入，致使发展中国家难以充分释放其发展潜力（周玉渊，2020）；另一方面，国际金融机构的资金流向不仅深刻影响着发展中国家的经济增长，同时也左右着其他债权国的贷款流向。在此影响下，巴黎俱乐部成员的贷款流向已经从交通、能源等生产领域转移到医疗、卫生、教育等社会领域（王金强等，2021），这在很大程度上影响到债务资金的发展有效性。

其次，发展中国家在融资阶段存在外债风险估计不足、外债结构不合理等问题，难以将债务转化为本国经济增长动力。一方面，自 20 世纪 90 年代以来，全球劳动力供给和经济增长放缓，加之经济发展前景暗淡，导致许多发达国家利率接近历史最低点（曾繁荣，2020）。较低的融资成本促使发展中国家向发达国家大规模举债，然而，一些国家在国际债务使用方面缺乏自主性和有效管理，致使发展中国家并没有在“外债 - 发展”之间构建起有效联系，反而在遭遇外部经济冲击时，面临着外债无法按期偿付的债务危机；另一方面，发展中国家外债结构存在着商业贷款比重过大、外币币种过于集中、期限结构不合理等问题，这将增加外债汇率波动风险和流动性风险，加大债务偿付压力，进而可能会削弱发展中国家经济增长潜力和经济稳定性。

（三）发展中国家国际债务治理存在诸多难题

随着金融活动范围的不断拓展，金融联系成为各国经济联系的主要表现形式之一。国际金融风险的防范以及国家间金融关系的协调，成为国际经济协调的重要组成部分（王金强、黄梅波，2022）。随着国家间主权借贷活动日益频繁，国际债务治理问题就成为其中的重要方面。在借贷双方的共同努力下，国际债务治理体系不断完善，融资和还款制度安排持续探索与创新，发展中国家债务减免与债务重组出现了很多成功案例。然而，发展中国家国际债务治理仍存在诸多亟待解决的难题。具体而言：

首先，发展中国家外债信息统计与披露有待完善。一方面，国际层面尚未形成关于债务信息透明度的严格的、具有强制性约束的条款细则（李一君，2021），许多发展中国家外债信息统计与披露往往缺乏足够的透明度。债务信息透明度不足，使得外部债权人难以准确地了解发展中国家的外债规模和结构，从而可能会增加债权人的融资风险，并加重债务国外债负担。特别值得注意的是，我国对外贷款信息透明度问题仍面临较大的国际压力，提升发展中国家外债信息透明度的问题不容忽视。另一方面，由于数据统计过程中的误差、缺乏统一的信息披露标准等方面原因，不同发展中国家在外债信息统计方面可能存在较大差异，数据更新也可能不及时。数据准确性和及时性的欠缺增加了信息处理的复杂性和成本，也会影响债权人对发展中国家外债状况的准确判断。

其次，发展中国家债务可持续性分析框架在实践中面临挑战。债务市场的信息不对称是债务融资成本的主要来源，会导致逆向选择和道德风险（王金强、黄梅波，2022）。世界银行和IMF发布的债务可持续性分析框架及其评估结果可以在一定程度上缓解债务信息不对称问题。尽管该方法有明确的分析框架，但在实践中却面临诸多挑战：第一，债务可持续性分析需要前瞻性假设，这可能会导致判断偏差（陈智华、梁海剑，2020）；第二，债务可持续性分析框架主要关注债务流量变化，却忽视了债务使用效果（周玉渊，2020）；第三，债务可持续性判定所用的评估指标和阈值设定是否适用于所有发展中国家、所有发展时期，均有待探讨；第四，债务可持续性分析框架主要关注债务国的债务可持续性状况，尚未充分考虑债权方对债务国债务可持续性的影响。在此基础上，我国债务可持续性分析框架已做出一定优化，但在指标体系、对外债务统计以及应用范围等方面仍有待进一步完善（周诚君等，2021）。

最后，发展中国家债务问题的解决机制的潜在不足日益凸显。主权债务处置是帮助发展中国家应对债务危机的重要途径。但长期以来，由于存在“集体行动难题”、债务救助目标分散化等原因，发展中国家主权债务处置的效果往往是短期的，更无法提前避免债务危机的发生（周玉渊，2023）。尤其是近年来，发展中国家债权人结构日益呈现出多元化特征，这不仅对债务解决框架的包容性和兼容性提出了更高要求，放大了债权人“集体行动难题”，而且复杂金融工具的使用也增加了债务解决的难度（徐奇渊等，2023）。总之，亟须有效的债务解决机制来防范和应对发展中国家的潜在债务风险。

（四）中国基于南南合作提供的对外贷款面临着政治化风险

发展中国家债务问题政治化是当前全球治理和国际发展合作中的一个重要议题。长期以来，发展中国家的债务融资主要来源于国际金融机构和欧美发达国家。然而，随着发展中国家和新兴市场国家经济增长和外汇储备的积累，以中国为代表的新兴债权人开始在南南合作框架下开展对外贷款业务。在此背景下，发展中国家外债问题逐步演变为传统债权人与新兴债权人、传统大国与新兴大国全球竞争的重要领域（周玉渊，2020）。此外，中国在国际债务规则制定中的话语权与自己供资能力不相匹配，这使得个别国家从地缘政治角度出发，针对中国对外贷款施加国际压力，甚至出现了“债务陷阱”“资源掠夺”“搭便车”等抹黑言论，并将此作为应对中国崛起的重要切入点（王金强等，2021）。

发展中国家外债问题政治化倾向给中国国际形象、海外融资安全以及国际发展合作推进均带来了一定的负面影响。首先，发展中国家外债问题政治化容易引发国际社会对中国对外贷款的误解和质疑，进而损害中国的国际形象和国际声誉；其次，发展中国家债务问题的政治化可能导致海外融资过程更为复杂，推高海外融资成本，从而加剧中国对外贷款的不确定性；最后，发展中国家债务问题的政治化可能阻碍国际发展合作的顺利进行，进而不利于全球经济的稳定与发展。总之，中国对外贷款政治化风险不容忽视，需要中国与其他发展中国家共同努力来应对和解决。

（五）中国面临的国际债务输入性风险不容忽视

经过数十年的经济建设，中国在国际金融市场中已经从单纯的借方转变为兼具借方和贷方的双重角色。虽然中国的外债风险较小，发生外债危机的可能性极低，但是，一旦其他发展中国家出现债务危机，中国面临的输入性风险不容忽视。具体而言：

一方面，在全球经济不确定、不稳定、不安全因素增多的国际背景下，中国对外贷款面临的债务国经济、社会和政治等方面的风险日益凸显（谭小芬、程颖越，2023）。如果债务国经济表现欠佳，爆发种族、宗教等社会冲突，或是地缘政治风险加剧，都可能会削弱债务国偿债能力。根据加拿大银行－英格兰银行主权债务违约数据库的数据，2022 年，中国作为债权方累计遭遇 11 次主权债务违约事件，主权债务违约金额高达 338.79 亿美元，而 2000 年，上述两个指标分别仅为 3 次和 0.09 亿美元。由此可见，在过去 20 多年间，中国对外贷款的违约风险显著上升，这给中国国家经济安全带来了一定的冲击性风险。

另一方面，在经济全球化背景下，如果其他国家发生主权债务危机，可能会通过国际资本流动、进出口贸易需求变动、国际价格波动等多种渠道向中国进行传导（王学凯，2022）。一国主权债务危机越严重，且中国与该国经济联系越密切，中国面临的输入性风险越高（李政等，2019）。随着中国融入全球经济的程度日益加深，国际债务输入性风险尤为值得关注。

近年来，国家发布的一系列政策文件反复强调国家金融安全的重要性。例如，党的二十大报告指出，“强化金融稳定保障体系，依法将各类金融活动全部纳入监管，守住不发生系统性风险底线”。国务院印发的《关于加强监管防范风险推动资本市场高质量发展的若干意见》强调，“完善多层次资本市场体系，坚持统筹资本市场高水平制度型开放和安全”。有效防范国际债务输入性风险就是保障国家金融安全的重要体现。

（六）中国对外贷款多维度集中度风险上升

中国对外贷款集中度风险源于中国对外贷款资金过度集中于某些特定地区、行业、计价货币等方面，从而可能导致贷款质量下降、违约风险增加，进而对中国经济和金融稳定产生不利影响。总的来看，中国对外贷款集中度风险主要体现在以下三个方面：

首先，地区集中度风险。根据世界银行统计数据，中国对外贷款主要集中在南亚、非洲等地区的发展中国家。2022 年，巴基斯坦、安哥拉、斯里兰卡、埃塞俄比亚、肯尼亚是南南合作框架下的前五大债务国，中国超过 3/4 的海外债务分布在上述五个国家（占比 76.78%）。一旦南亚、非洲等地区的发展中国家出现经济衰退、政治动荡或自然灾害等情况，可能导致大量的中国对外贷款无法按时收回，进而引发地区集中度风险。

其次，行业集中度风险。设施联通成为“一带一路”倡议明确发展的重点领域和方向之一。鉴于发展中国家的实际融资需求，中国对外贷款主要集中在基础设施建设、能源、矿产等行业。这些行业通常受宏观经济周期、政策调整、市场需求变化等因素影响较大，一旦出现经济不景气或政策调整，中国对外贷款违约率可能上升，进而引发行业集中度风险。此外，基础设施领域投资回报率通常较低，行业集中度过高也可能导致对外贷款资金面临持续性挑战（中国银行研究院课题组，2024）。

最后，计价单位集中度风险。中国对外贷款计价币种高度依赖美元。据世界银行统计，在中国向发展中国家提供的政府和政府担保外债（PPG）中，2022 年约有 82.78% 是以美元计价。这种货币计价结构导致中国对外贷款容易受到美元汇率波动的影响，一旦美元汇率大幅波动，就会直接影响到发展中国家偿债能力和偿债成本。从现实情况来看，1997 年亚洲金融危机和 1998 年俄罗斯债务危机期间，美元汇率巨幅波动使得东南亚国家的外汇储备大幅缩水，导致这些国家无力偿还外债，从而引发外债危机（王学凯，2022）。

四、发展中国家国际债务发展的策略分析

(一) 推动发展中国家实现“外债—发展—偿债”的良性循环

解决发展中国家债务问题的关键是发展。如果新增外债规模适度且被合理使用，将有助于发展中国家经济增长，提升其偿债能力，从而形成“外债—发展—偿债”的良性循环。未来可以从以下三个方面入手：

首先，发展中国家应重点关注本国债务管理能力的提升。具体而言：第一，发展中国家需综合考虑本国融资需求、经济发展潜力、资金管理水平等多方面因素，合理确定外债规模的区间范围，避免过度举债；第二，发展中国家可以探索性地建立适合本国国情的外债风险预警机制，及时监测外债水平、偿债能力等关键指标，提前发现潜在风险并及时采取应对措施；第三，发展中国家可以加强国家政策引导，推动外债资金流向基础设施领域、绿色产业、数字产业等具有较强外部性或较大发展潜力的产业，提高外资资金使用效率，助力本国可持续发展。

其次，发展中国家应依据资金需求，优化本国外债结构。具体而言：一是选择合理的外债类型。一般而言，官方贷款利率相对低、周期较长，但对资金使用常有更多要求。相比而言，国际商业贷款则更适合投向建设周期短、有出口创汇能力的项目。因此，发展中国家要结合项目建设特点，合理选择外债来源。二是要合理安排长期和短期债务的比例，以减轻短期偿债压力，确保外债的可持续性。三是要优化外债币种结构。一方面，要合理选择外债计价货币，可考虑保持出口收汇币种与外债币种一致性，以降低汇率风险；另一方面，可通过推动外债计价货币多样化，进一步分散汇率风险。

最后，发展中国家还可以借鉴一些国际经验，提高外债使用效率。从

现实情况来看，不同国家在外债使用效率方面存在明显差异。例如，东亚国家通过国际贷款实现了国家经济增长和国际债务的有效管理，但也有一些发展中国家没有构建起可持续的贷款与发展的关系（周玉渊，2023）。这些既有的国际经验能够为发展中国家提高外债使用效率提供有益参考。发展中国家可以结合本国实际情况，充分借鉴已有成功经验，并从已有失败案例中总结教训，从而能够更好地打造“外债—发展—偿债”的良性循环。

（二）完善发展中国家外债管理机制

完善国际主权债务管理机制是一项复杂且多维的任务，需要各类债权人和债务国共同参与、共担风险，这对于维护全球经济和金融稳定、推动可持续发展目标的实现以及加强国际合作与互信均具有重要意义。从全球视角和中国视角出发，分别提出以下完善外债管理机制的建议：

从全球视角来看，应着力构建事前防范和事后化解相结合的主权债务管理机制。具体而言：首先，优化发展中国家外债风险的事前防范机制。准确评估一国外债可持续性水平是有效防范发展中国家外债风险的前提条件。债务可持续分析框架（DSA）作为评估和管理债务可持续性的重要工具，在实践中被广泛应用，但仍存在预测难度较高、阈值设定缺乏灵活性、债权人影响估计不足以及忽略贷款用途等潜在缺陷。因此，要根据发展中国家海外融资的实际情况，优化债务可持续性分析框架，进而构建有效的外债风险预警和评估机制，及时防范发展中国家可能出现的外债风险。其次，要完善发展中国家外债违约的事后处置机制。新冠疫情时期的暂停偿债只是应对危机的过渡方案，需要制定系统性方案来解决发展中国家的外债违约问题。为了达到这一目标，不仅要妥善处理债权人与债务国之间、传统债权人与新兴债权人之间的协调难题，还可以综合运用债转发展、债券与自然互换等工具，推动发展中国家外债处置方式的多元化。

从中国视角出发，我国积极参与和推动全球债务治理体系改革，制定具有中国特色的对外贷款管理战略。具体而言：首先，提升中国在全球债务治理体系中的话语权。与传统债权人不同，中国的海外融资更关注提升发展中国家长期发展能力，倡导适当拓宽发展中国家融资渠道并放宽短期外债规模限制。但是，传统债权人从债务可持续性角度出发，要求发展中国家控制其外债规模，并将发展中国家面临的外债风险上升与中国对外贷款联系起来，这给中国参与国际发展合作带来了一定的挑战。因此，提升中国在全球债务治理体系中的话语权，不仅有助于推动全球债务治理体系改革，增强发展中国家长期发展能力，而且对于维护我国国际形象、推进南南合作也至关重要。其次，完善中国对外贷款风险监管和评估体系。在风险防范方面，我国应在充分考虑债务国资源禀赋优势、经济发展战略以及当地人民需求等因素的基础上，加强海外融资项目的前期调研和效益评估，提升自身作为融资方的专业性，为更多优质项目提供资金支持。在风险评估方面，我国应从指标体系、统计标准以及应用范围等方面逐步完善《"一带一路"债务可持续性分析框架》，并拓展该分析框架的应用范围，提升融资决策的科学性。最后，优化中国对外贷款违约管理制度。短期内，我国应遵循"一国一策"的原则解决发展中国家的债务问题（中国银行研究院课题组，2024），综合考虑各国的经济状况、债务结构、偿债能力等因素，制定更具灵活性和针对性的债务问题解决方案，从而更有效地解决不同国家的债务问题。长期来看，我国应妥善处理中国与传统债权人在债务治理理念的分歧，致力于打造债权人广泛参与的债务处置方案，同时创新债务处置工具，推动中国对外贷款重组逐步朝着规范化、多边化、多元化的方向发展。

（三）积极回应国际社会关于中国对外贷款的不实言论

在国际竞争日益激烈的背景下，国际社会出现了以“债务陷阱”为代表的针对中国对外贷款的一些负面谣言。积极回应这些不实言论，对维护我国国家形象、保障国家经济安全、促进国际交流合作以及推动全球治理体系改革等均具有重要意义。因此，中国政府要高度重视这一问题，并积极开展对外宣传和舆论引导。未来可以从以下三个方面入手：

首先，针对中国对外贷款对发展中国家经济增长影响问题展开深入研究，为回应国际舆论提供经验证据。目前，国内学者关于中国对外贷款经济影响问题的理论与实证研究还很不充分，在研究视角、机制检验、数据准确性等方面均有较大的提升空间。因此，有必要充分利用中国对外贷款数据不断完善的研究契机，为澄清“债务陷阱”等谣言提供令人信服的经验证据。

其次，积极展示中国对外贷款在促发展方面的优秀成果案例。在中国与其他发展中国家共同努力下，很多中国海外融资项目已经投入使用，并在推动债务国可持续发展、促进中国与债务国经贸往来、带动区域经济增长等方面做出了重要贡献。中国政府、国内媒体和学者应积极展示和宣传这些具有代表性的成功案例，呼吁国际社会理性看待中国对外贷款问题，避免被不实舆论误导。

最后，加强贷款信息披露与监管，着力提升中国对外贷款信息透明度。“隐性债务”及贷款信息不透明一直是国际社会抹黑中国对外贷款的主要论据之一。为了有效地回应上述抹黑观点，一方面要加强中国对外贷款信息的统计工作，可借助区块链、大数据等金融科技手段，提高贷款数据的透明度和可追溯性；另一方面完善贷款信息披露制度，将贷款信息透明度作为国际协调的重要议题，推动国际债务透明度标准和规则的制定与完善，明确贷款信息统计标准、需要披露的内容以及信息披露的方式等具体细节。

（四）强化应对中国对外贷款输入性风险和集中度风险的能力

在全球经济增长不确定、不稳定、不安全因素增多的背景下，有效防范中国对外贷款输入性风险和集中度风险至关重要，这直接关系到我国国家经济安全和金融稳定。未来可以从以下三个方面入手：

首先，加强国家间宏观经济政策协调与沟通，充分发挥国际金融机构的作用。全球外债风险的传导具有较高的集中性、紧密性和联通性等特点。基于此，为了有效地防范国际债务输入性风险，我国一方面需要加强国家之间宏观经济政策协调，强化国际金融风险监管的国际合作；另一方面要充分发挥亚洲基础设施投资银行、非洲开发银行等多边金融机构在支持发展中国家可持续发展方面的作用，建立风险共担和风险分散机制，降低中国海外融资项目的风险。

其次，充分发挥人民币国际化对发展中国家债务稳定的作用。原因在于：一是推进人民币国际化有助于降低汇率波动风险。当前，我国采取的是有管理的浮动汇率制。当发展中国家债务融资多以人民币计价时，能够避免因外币汇率波动导致的偿债成本增加或偿债能力下降，从而稳定外债偿还的预期成本。二是推进人民币国际化有助于降低发展中国家的外债融资成本。人民币国际化意味着人民币在国际市场上的流通性和接受度提高。人民币资产需求的增加将促使人民币利率下降，进而降低发展中国家的外债融资成本。三是人民币国际化有助于降低发展中国家对美元的过度依赖。根据世界银行统计数据，发展中国家外债融资仍以美元计价为主。推动人民币国际化可以减少发展中国家对美元的过度依赖，进而降低美元汇率波动和美元流动性收紧等风险。

最后，推动中国对外贷款地区结构和行业结构的多元化。具体而言：一方面，可以结合发展中国家的资金需求，适当拓展中国对外贷款涵盖的区域和国家范围，以避免地区集中度风险；另一方面，在坚定不移地支持发展中国家基础设施建设的基础上，推动中国对外贷款投向多元化。比如，可以考虑支持发展中国家环保、可再生能源等绿色项目，推动中国对外贷款从基础设施领域向新兴产业和绿色产业延伸，确保贷款资金的使用效率和长远价值，从而降低国家和行业集中度风险。

五、本章小结

在经济全球化的时代背景下，国际借贷成为发展中国家解决自身资金短缺问题的重要途径。然而，面对百年未有之大变局，发展中国家国际债务发展迎来了新机遇与新挑战。中国作为推动“全球南方”发展振兴的中坚力量，将继续以实实在在的合作成果促进“全球南方”国家共同繁荣。① 基于此，本章分别从全球视角和中国视角，详细梳理发展中国家国际债务发展面临的新机遇与突出挑战，并在此基础上提出有效防范外债风险，加快实现可持续发展目标的政策建议。本章的主要发现如下：

在全球经济复苏与经济转型的推动下，发展中国家国际债务发展面临多重发展机遇。具体而言：从全球视角来看，全球经济复苏与转型为化解发展中国家外债风险提供有力支撑，数字经济的快速发展为国际发展合作增添新动能。从中国视角来看，中国对外贷款秉持“授人以渔”的理念，为发展中国家提供新的发展机遇，同时中国这一新兴债权国的崛起为完善全球债务治理体系注入新动力。

当今世界正经历新一轮大发展大变革大调整，发展中国家国际债务发展面临着诸多突出挑战。具体而言：从全球视角来看，新一轮债务危机正

① 中国外交部．将继续促进“全球南方”国家共同繁荣 [EB/OL].（2024-09-12）[2025-01-14]. https://www.gov.cn/lianbo/bumen/202409/content_ 6974166.htm.

在发展中国家间蔓延，发展中国家尚未在外债与发展之间形成有效连接，此外，发展中国家国际债务治理仍存在外债信息统计与披露不充分、外债可持续性评估不准确以及外债问题解决机制不完善等诸多难题。从中国视角来看，中国基于南南合作开展的对外贷款面临着政治化风险，中国面临的国际债务输入性风险不容忽视，此外，中国对外贷款多维度集中度风险显著上升。

为了充分把握新机遇、有效应对新挑战，发展中国家国际债务发展应采取更符合时代特点的政策措施。具体而言：首先，通过提升发展中国家外债管理能力、加强外债总量控制和结构优化、提升外债使用效率等举措，推动发展中国家实现“外债—发展—偿债”的良性循环。其次，逐步完善发展中国家外债管理机制，强化外债风险的事前防范和事后化解能力。对中国而言，我国应积极推动全球债务治理体系改革，制定具有中国特色的对外贷款管理战略。再次，通过加强相关研究、积极展示成功案例成果、提升信息透明度等多种方式，有效回应国际社会关于中国对外贷款的不实言论。最后，通过加强国际政策协调、推动人民币国际化、优化中国对外贷款结构等手段，提升我国应对国际债务输入性风险和集中度风险的能力。

参考文献

[1] 鲍洋 ."一带一路"倡议会引发"债务陷阱"吗：基于中国对外投资合作的视角 [J]. 经济学家，2020（3）：45-55.

[2] 陈波，黄伟，吴昱 . 债务对进口需求函数的影响：基于欧元区国家对中国进口需求的实证分析 [J]. 国际贸易问题，2014（1）：158-166.

[3] 陈涛涛，徐润，金莹，等 . 拉美基础设施投资环境和中国基建企业的投资能力与挑战 [J]. 拉丁美洲研究，2017，39（3）：19-37，154-155.

[4] 陈智华，梁海剑 ."一带一路"倡议与主权债务违约风险研究 [J]. 亚太经济，2020（4）：18-28，148.

[5] 程宇丹，龚六堂 . 外债的经济增长效应与影响渠道：发达国家和发展中国家比较 [J]. 数量经济技术经济研究，2015，32（10）：108-123.

[6] 黄亮雄，韩永辉，王佳琳，等 . 中国经济发展照亮"一带一路"建设：基于夜间灯光亮度数据的实证分析 [J]. 经济学家，2016（9）：96-104.

[7] 黄梅波，朱丹丹 . 国际发展援助的出口多样化促进效应分析：基于 66 个受援国面板数据的实证研究 [J]. 财贸经济，2015（2）：97-108.

[8] 李嘉楠，龙小宁，姜琪 . 援助与冲突：基于中国对外援助的证据 [J]. 经济学（季刊），2021，21（4）：1123-1146.

[9] 李建军，李俊成 ."一带一路"基础设施建设、经济发展与金融要素 [J]. 国际金融研究，2018（2）：8-18.

[10] 李荣林，熊燕，倪何永乐．中国对非援助的出口贸易效应：基于出品增加值的视角 [J]. 南方经济，2022（2）：38−54.

[11] 李讯，侯娉，孙玉茗．发展中国家债务危机处理机制的国际经验及现实研究 [J]. 金融发展研究，2020（12）：52−58.

[12] 李一君．国际主权债务透明度问题探析及我国对策思考 [J]. 财政科学，2021，（9）：110−115.

[13] 李政，刘淇，鲁晏辰．主权债务风险跨国溢出研究：来自频域的新证据 [J]. 金融研究，2020（9）：59−77.

[14] 刘爱兰，王智烜，黄梅波．中国对非援助是“新殖民主义”吗：来自中国和欧盟对非援助贸易效应对比的经验证据 [J]. 国际贸易问题，2018（3）：163−174.

[15] 毛其淋，盛斌．贸易自由化、企业异质性与出口动态：来自中国微观企业数据的证据 [J]. 管理世界，2013（3）：48−65，68，66−67.

[16] 钱学锋．企业异质性、贸易成本与中国出口增长的二元边际 [J]. 管理世界，2008（9）：48−56，66，187.

[17] 孙楚仁，梁晶晶，徐锦强，等．对非援助与中国产品出口二元边际 [J]. 世界经济研究，2020（2）：3−18，135.

[18] 谭小芬，程颖越．中国对外贷款的发展现状、风险挑战及对策建议 [J]. 国际贸易，2023（11）：86−96.

[19] 汪文卿，赵忠秀．中非合作对撒哈拉以南非洲国家经济增长的影响：贸易、直接投资与援助作用的实证分析 [J]. 国际贸易问题，2014（12）：68−79.

[20] 王金强，黄梅波，崔文星．新冠肺炎疫情下全球主权债务治理困境及其应对分析 [J]. 国际经济评论，2021（4）：32−50，5.

[21] 王金强，黄梅波．世界经济金融化与债务国主权债务责任的履行机

制 [J]. 外交评论（外交学院学报），2022，39（2）：87-109，6-7.

[22] 王学凯 . 全球主权债务风险：表现形式、风险度量与传导机制 [J]. 经济学家，2022（1）：56-65.

[23] 王钊，冯凯 . 发展中国家新一轮债务问题的政治经济解释："债务不耐"及其全球治理困境 [J]. 外交评论（外交学院学报），2024，41（4）：115-154，169.

[24] 王志章，郑时彦 . 中国与非洲合作反贫困的现状评价与路径优化研究 [J]. 西南大学学报（社会科学版），2018，44（4）：65-77，194.

[25] 韦宗友 . 中美战略竞争、美国"地位焦虑"与特朗普政府对华战略调整 [J]. 美国研究，2018，32（4）：51-74，6-7.

[26] 魏浩，袁然，赖德胜 . 中国吸引留学生来华的影响因素研究：基于中国与全球 172 个国家双边数据的实证分析 [J]. 教育研究，2018，39（11）：76-90.

[27] 魏浩，袁然 . 全球华人网络的出口贸易效应及其影响机制研究 [J]. 世界经济研究，2020（1）：25-40，135.

[28] 夏先良 . 论国际贸易成本 [J]. 财贸经济，2011（9）：71-79.

[29] 熊婉婷，张家诚，孙靓莹 . 生产性债务：中国海外主权贷款与发展中国家经济增长 [J]. 世界经济，2023，46（9）：3-28.

[30] 徐丽鹤，吴万吉，孙楚仁 . 谁的援助更有利于非洲工业发展：中国还是美国 [J]. 世界经济，2020，43（11）：3-27.

[31] 徐奇渊，孙靓莹，熊婉婷 . 发展中国家主权债务问题：一个系统、全面、有效的综合解决框架 [J]. 拉丁美洲研究，2023，45（2）：2-17，153.

[32] 徐雪梅 . 债务治理中的透明度规则：国际实践与政策启示 [J]. 对外经贸实务，2023（11）：44-49.

[33] 许志成，张宇 . 点亮非洲：中国援助对非洲经济发展的贡献 [J]. 经

济学（季刊），2021，21（5）：1499－1520.

[34] 阎虹戎，张小鹿，黄梅波．互利共赢：中国对外援助与受援国出口能力提升 [J]. 世界经济研究，2020（3）：95－106，137.

[35] 杨攻研，刘小玄，刘洪钟．中国对外援助在中低收入国家的减贫效应研究 [J]. 亚太经济，2021（4）：120－129.

[36] 曾繁荣．新兴市场和发展中国家债务演变路径研究 [J]. 国际金融，2020（8）：48－55.

[37] 张克中，张文涛．惠人及己：对外援助与企业“走出去”[J]. 经济评论，2022（2）：70－86.

[38] 张鹏飞．基础设施建设对“一带一路”亚洲国家双边贸易影响研究：基于引力模型扩展的分析 [J]. 世界经济研究，2018（6）：70－82，136.

[39] 张馨月，吴信如．“一带一路”倡议对沿线国家的减贫效应：基于“五通”作用机制的分析 [J]. 山东社会科学，2022（11）：169－175.

[40] 张原．中国对“一带一路”援助及投资的减贫效应：“授人以鱼”还是“授人以渔”[J]. 财贸经济，2018，39（12）：111－125.

[41] 赵春．数字金融推动金融服务提质增效 [N]. 信息日报，2024－07－27.

[42] 中国对外承包工程商会．2022 中国境外可持续基础设施项目案例集 [EB/OL]. https：//www.chinca.org/hdhm/news_detail_4101.html.

[43] 中国国际发展知识中心．全球发展报告 2023：处在十字路口的全球发展 [M]. 北京：中国发展出版社，2023.

[44] 中国银行研究院课题组，陈卫东．本轮发展中国家主权外债危机的形成机制与我国风险应对 [J]. 国际金融，2024（4）：19－26.

[45] 周诚君，洪灿辉，汪浩．构建主权债务重组的“上海模式”[J]. 管理世界，2021，37（6）：87－98，5.

[46] 周弘 . 国际援助的多样性与共同性：一种全球的视角 [J]. 中国社会科学，2023（5）：167–187，208.

[47] 周玉渊 . 从“重债穷国倡议”到“缓债倡议”：主权债务救助的影响与反思 [J]. 太平洋学报，2023，31（4）：47–61.

[48] 周玉渊 . 发展中国家债务问题政治化的影响与反思 [J]. 国际展望，2020，12（1）：85–107，156–157.

[49] 朱丹丹，黄梅波 . 中国对外援助的贸易成本削减效应研究 [J]. 世界经济研究，2015（7）：100–107，129.

[50] ABI-HABIB M, BRADSHER K. Poor countries borrowed billions from China. They can’t pay it back[N]. New York Times, 2020-05-08.

[51] ACKER K, BRAUTIGAM D, HUANG Y. Debt relief with Chinese Characteristics[Z]. China Africa Research Initiative Working Paper, 2020,No.39.

[52] ALFARO L, KALEMLI-OZCAN S, VOLOSOVYCH V. Sovereigns, upstream capital flows, and global imbalances[J]. Journal of the European economic association, 2014,12(5):1240-1284.

[53] ALKIRE S, SANTOS M E. Acute multidimensional poverty: a new index for Developing Countries[Z]. Oxford Poverty and Human Development Initiative Working Papers,2010, No. 38.

[54] ALVI E, SENBETA A. Does foreign aid reduce poverty?[J]. Journal of international development, 2012(24): 955-976.

[55] Asian Development Bank. Meeting Asia’s infrastructure needs[EB/OL]. 2017. Available from: https://www.adb.org/sites/default/files/publication/227496/special-report-infrastructure.pdf.

[56] BANDIERAC L, TSIROPOULOS L. A framcwork to assess dcbt sustainability under the Belt and Road Initiative[J]. Journal of development

economics, 2020,146(9): 102459.

[57] BANIK D. Can China's Belt and Road Initiative help achieve the SDGs?[EB/OL].2018. Available from: https://www.ids.ac.uk/news/the-belt-and-road-initiative-and-the-sdgs-how-china-can-help-achieve-equitable-sustainable-development-by-2030/.

[58] BEINE M, NOËL R, RAGOT L. Determinants of the international mobility of students[J]. Economics of education review, 2014,41(3): 40-54.

[59] BERTHÉLEMY J C, BEURAN M, MAUREL M. Aid and migration: substitutes or Complements?[J]. World development, 2009,37(10): 1589-1599.

[60] BLUHM R,DREHER A, FUCHS A, et al. Connective financing: Chinese infrastructure projects and the diffusion of economic activity in Developing Countries[Z]. AidData Working Paper, 2018, No. 64.

[61] BORJAS G J. The economics of immigration[J]. Journal of economic literature, 1994(32): 1667-1717.

[62] BRAUTIGAM D. Chinese loans and african structural transformation[M]. in A. Oqubay and J. Lin, eds. China Africa and an Economic Transformation: Oxford University Press, 2019: 129-146.

[63] BRAUTIGAM D, HUANG Y, ACKER K. Risky business: new data on Chinese loans and Africa's debt problem[Z]. China Africa Research Initiative Briefing Paper, 2020, No.3.

[64] BRAUTIGAM D, JYHJONG H. Eastern promises: new data on Chinese loans in Africa, 2000 to 2014 [Z]. China Africa Research Initiative Working Paper, 2016,No.4.

[65] BROWN G, SUMMERS L. Debt relief is most effective Covid19 assistance[EB/OL]. 2020. Available from: https://www.project-syndicate.org/

commentary/debt-relief-most-effective-covid19-assistance-bygordon-BROWN-and-lawrence-h-summers-2020-04.

[66] BULOW J, REINHART C, ROGOFF K, et al. New steps are needed to improve Sovereign debt workouts[EB/OL]. 2020. Available from: https://www.imf.org/external/pubs/ft/fandd/2020/09/debt-pandemic-reinhart-rogoff-bulow-trebesch.htm.

[67] BURNSIDE C, DOLLAR D. Aid, policies, and growth[J]. The American economic review, 2020,90(4): 847-868.

[68] CALÌ M, TE VELDE D W. Does aid for trade really improve trade performance?[J]. World Development, 2011, 39(5): 725-740.

[69] CARUSO R, DE WIT H. Determinants of mobility of students in europe: empirical evidence for the period 1998-2009[J]. Journal of Studies in International Education, 2015,19(3): 265-282.

[70] CASKEY G W. Book review: belt and road: a Chinese world order[EB/OL]. 2020. Available from: https://www.independent.org/publications/tir/article.asp?id=1508.

[71] CHAN M H T. The belt and road initiative-the new silk road: a research agenda[J]. Journal of Contemporary East Asia Studies, 2018,7(2): 104-123.

[72] CHELLANEY B. China's debt-trap diplomacy[EB/OL]. 2017. Available from: https://chellaney.net/2017/01/25/chinas-debt-trap-diplomacy/.

[73] CHELLANEY B. China's creditor imperialism[EB/OL]. 2018, Available from: https://theaseanpost.com/article/chinas-creditorimperialism.

[74] CHINA POWER. How will the belt and road initiative advance China's interests?[EB/OL]. 2019.Available from: https://chinapower.csis.org/china-belt-and-road-initiative/.

[75] CHUDIK A, MOHADDESBY K, PESARANC M H, et al. Is there a debt-threshold effect on output growth?[J]. The Review of Economics and Statistics, 2017,99(1): 135-150.

[76] CLEMENS M. Does development reduce migration?[Z]. Center for Global Development Working Paper, 2014, No. 8592.

[77] CLIST P, RESTELLI G. Development aid and international migration to italy: does aid reduce irregular flows?[J]. The World Economy, 2021, 44(5): 1281-1311.

[78] CROWNA D, FAGGIANB A, CORCORAN J. Foreign-born graduates and innovation: evidence from an australian skilled visa program[J]. Research Policy, 2020, 49(9):103945.

[79] CZAIKA M, MAYER A. Refugee movements and aid responsiveness of bilateral donors[J]. Journal of Development Studies, 2011, 47(3): 455-474.

[80] DAO T H, DOCQUIER F, PARSONS C R, et al. Migration and development: dissecting the anatomy of the mobility transition[J]. Journal of Development Economics, 2018, 132: 88-101.

[81] DAYANT A. Pacific islands avoid China's "debt-trap" diplomacy for now[EB/OL]. 2019. Available from: https://www.lowyinstitute.org/publications/pacific-islands-avoid-china-debt-trap- diplomacy-now.

[82] DE HAAS H. Migration transitions: a theoretical and empirical inquiry into the developmental drivers of international migration[Z]. International Migration Institute Working Paper, 2010, No.1.

[83] DE HAAS H. Paradoxes of migration and development[Z]. International Migration Institute Working Paper, 2019, No.9.

[84] DHAHRI S, OMRI A. Are international capital flows really matter

for achieving sdgs 1 and 2: ending poverty and hunger?[J]. Review of World Economics, 2020, 156(4): 731-767.

[85] DIAMOND P. National debt in a neoclassical growth model[J]. American Economic Association, 1965, 55(5): 1126-1150.

[86] DOLLAR D, KRAAY A. Growth is good for the poor[J]. Journal of Economic Growth, 2002, 7(3): 195-225.

[87] DONAUBAUER J, MEYER B, NUNNENKAMP P. Aid, infrastructure, and FDI: assessing the transmission channel with a new index of infrastructure[J]. World Development, 2016, 78(2): 230-245.

[88] DOSSANI R. Demystifying the belt and road initiative[Z]. Rand Corporation Working Paper, 2020, No.1338.

[89] DREHER A, FUCHS A, HODLER R, et al. African leaders and the geography of China's foreign assistance[J]. Journal of Development Economics, 2019, 140: 44-71.

[90] DREHER A, FUCHS A, LANGLOTZ S. The effects of foreign aid on refugee flows[J]. European Economic Review, 2019, 112(2): 127-147.

[91] DREHER A, FUCHS A, PARKS B, et al. Aid, China, and growth: evidence from a new global development finance dataset[J]. American Economic Journal: Economic Policy, 2021,13(2): 135-174.

[92] DUSTMANN C, OKATENKO A. Out-migration, wealth constraints, and the quality of local amenities[J]. Journal of Development Economics, 2014, 110: 52-63.

[93] EASTERLY W, LEVINE R, ROODMAN D. Aid, policies, and growth: comment[J]. The American Economic Review, 2004, 94(3): 774-780.

[94] EBERHARDT M, PRESBITERO A F. Public debt and growth:

heterogeneity and non-linearity[J]. Journal of International Economics, 2015, 97(1): 45-58.

[95] EOM J, BRAUTIGAM D, BENABDALLAH L. The path ahead: the 7th forum on China-africa cooperation[Z]. China Africa Research Initiative Briefing Paper, 2018, No.1.

[96] European International Contractors. Official finance practices of the pr China: distortion of competition, oecd responses and the threat to the multilateral[EB/OL]. 2018. Available from: https://www.eic-federation.eu/sites/default/files/paragraph-files/sfistudy-china-offi cial_finance_practices.pdf.

[97] FISHER I. The theory of interest[M]. New York: Macmillan, 1930.

[98] FITCHETT H. Does aid drive migration? Evidence from a shift-share instrument[J]. International Migration Review, 2022, 56(4): 1-19.

[99] FOX R, DORNAN M. China in the pacific: is China engaged in "debt-trap di-plomacy"?[EB/OL]. 2018. Available from: http://www.devpolicy.org/is-china-engaged-in-debt-trap-di plomacy-20181108/.

[100] FURMAN J, SUMMERS L. A reconsideration of fiscal policy in the era of low interest rates[EB/OL]. 2020. Available from: https://joserobertoafonso.com.br/wp-content/uploads/2020/12/furman-summers-fiscal-reconsideration-discussion-draft.pdf.

[101] GALLAGHER K P, WANG Y. Sovereign debt through the lens of asset management: implications for sadc countries[Z]. Global Economic Governance Initiative Working Paper, 2020, No.42.

[102] GAMSO J, YULDASHEV F. Targeted foreign aid and international migration: is development-promotion an effective immigration policy?[J]. International Studies Quarterly, 2018,62(2): 809-820.

[103] GELPERN A, HORN S, MORRIS S, et al. How China lends: a rare look into 100 debt contracts with foreign governments[Z]. Center for Global Development Working Paper, 2021, No. 573.

[104] GENNAIOLI N, MARTIN A, ROSSI S. Sovereign default, domestic banks, and financial institutions[J]. Journal of Finance, 2014, 69(2): 819-866.

[105] Global Infrastructure Hub. Global infrastructure outlook 2017[EB/OL]. 2017. Available from: https://cdn.gihub.org/outlook/live/methodology/Global+Infrastructure+Outlook+-+July+2017.pdf.

[106] GNANGNON S K. Aid for trade and export diversification in recipient-countries[J]. World Economy, 2019, 42(2): 396-418.

[107] GNANGNON S K. Aid for trade flows and poverty reduction[J]. The Singapore Economic Review, 2021, (10):1-44.

[108] GONZÁLEZ C R, MESANZA R B, MARIEL P. The determinants of international student mobility flows: an empirical study on the erasmus programme[J]. Higher Education, 2011,62(4): 413-430.

[109] GOURINCHAS P O. As inflation recedes, global economy needs policy triple pivot[EB/OL]. Available from: https://www.imf.org/en/Blogs/Articles/2024/10/22/as-inflation-recedes-global-economy-needs-policy-triple-pivot.

[110] GURARA D, FABRIZIO S, WIEGAND J. Covid-19: without help, low-income developing countries risk a lost decade[EB/OL].2020. Available from: https://blogs.imf.org/2020/08/ 27/covid-19-without-help-low-income-developing-countries-risk-a-lost-decade/.

[111] HE A. The belt and road initiative: motivations, financing, expansion and challenges of ever-expanding strategy[J]. Journal of Infrastructure, Policy and

Development, 2020, 4(1): 139-169.

[112] HEATHCOTE C. Forecasting infrastructure investment needs for 50 countries, 7 sectors through 2040[EB/OL]. 2017. Available from: https://blogs.worldbank.org/ppps/forecasting-infrastructure-investment-needs-50-countries-7-sectors-through-2040.

[113] HELPMAN E. Trade, fdi, and the organization of firms[J]. Journal of Economic Literature, 2006,44(3): 589-630.

[114] HERNANDEZ D. Are new donors challenging world bank conditionality?[J]. World Development, 2017, 96(8): 529-549.

[115] HOEFFLER A, OUTRAM V. Need, merit, of self-interest-what determines the allocation of aid?[J]. Review of Development Economics, 2011,15(2): 237-250.

[116] HORN S, REINHART C, TREBESCH C. China's overseas lending and the looming developing country debt crisis[Z]. Kiel Institute Working Paper, 2020, No.26.

[117] HÜHNE P, MEYER B, NUNNENKAMP P. Who benefits from aid for trade? Comparing the effects on recipient versus donor exports[J]. The Journal of Development Studies, 2014, 50(9): 1275-1288.

[118] HUMMELS D, KLENOW P. The variety and quality of a nation's exports[J]. The American Economic Review, 2005, 95(3): 704-723.

[119] HURLEY J, MORRIS S, PORTELANCE G. Examining the debt implications of the belt and road initiative from a policy perspective[Z]. Center for Global Development, Policy Paper, 2018, No.121.

[120] International Monetary Fund. Public debt limits in imf-supported programs[EB/OL]. 2015. Available from: https://www.imf.org/-/media/Websites/

IMF/imported-full-text-pdf/external/np/pp/eng/2014/_111414.ashx.

[121] International Monetary Fund. The evolution of public debt vulnerabilities in lower income economies [EB/OL]. 2020. Available from: https://www.imf.org/en/Publications/Policy-Papers/Issues/2020/02/05/The-Evolution-of-Public-Debt-Vulnerabilities-In-Lower-Income-Economies-49018.

[122] International Monetary Fund. The international architecture for resolving sovereign debt involving private-sector creditors-recent developments, challenges, and reform options[Z]. IMF Policy Paper, 2020, No.43.

[123] International Monetary Fund. Regional economic outlook: sub-saharan africa-fostering durable and inclusive growth [R]. IMF Press, 2014.

[124] International Monetary Fund, World Bank. Collateralized transactions: key considerations for public lenders and borrowers[EB/OL]. 2020. Available from: https://www.imf.org/~/media/Files/Publications/PP/2020/English/PPEA202001 0.ashx.

[125] International Monetary Fund. World economic outlook: policy pivot rising threats[R]. Washington D.C, 2024.

[126] International Monetary Fund. Fiscal Monitor: Policies for the Recovery[R]. Washington D.C, 2020.

[127] ISAKSSON A S, KOTSADAM A. Chinese aid and local corruption[J]. Journal of Public Economics, 2018, 159: 146-159.

[128] JAUD M, KUKENOVA M, STRIEBORNY M. Finance, comparative advantage, and resource allocation[J]. Review of Finance, 2018, 22(3): 1011-1061.

[129] JONES L, HAMEIRI S. Debunking the myth of "debt-trap diplomacy": how recipient countries shape China's belt and road initiative[EB/OL]. 2020. Available from: https://www.lowyinstitute.org/the-interpreter/debunking-myth-

china-s-debt-trap-diplomacy.

[130] KAMPHAUSEN R D. China’s belt and road initiative (testimony)[EB/OL]. 2019. Available from: https://www.nbr.org/publication/chinas-belt-and-road-initiative-testimony/.

[131] KASUGA H, MORITA Y. Does aid affect inequality?[J]. Applied Economics, 2018, 50(58): 6249-6262.

[132] KIM Y R. Does aid for trade diversify the export structure of recipient countries?[J]. The World Economy, 2019, 42(9): 2684-2722.

[133] KOSE M A, OHNSORGE F, SUGAWARA N. Benefts and costs of debt-the dose makes the poison[Z]. World Bank Policy Research Working Paper, 2020, No.9166.

[134] KOSE M A P, NAGLE P, OHNSORGE F N, ET AL. Global waves of debt:causes and consequences[R]. World Bank, 2021.

[135] KRATZ A, FENG A, WRIGHT L. New data on the “debt trap” question [EB/OL]. 2019. Available from: https://rhg.com/research/new-data-on-the-debt-trap-question/.

[136] KRATZ A, MINGEY M, D’ALELIO D. Seeking relief: China’s overseas debt after covid-19 [EB/OL]. 2020. Available from: https://rhg.com/research/seeking-relief/.

[137] KRUEGER A. Origins of the developing countries debt crisis 1970-1982[J]. Journal of Development Economics, 1987, 27(1-2): 165-187.

[138] LANATI M, THIELE R. The impact of foreign aid on migration revisited [J]. World Development, 2018, 111(11): 59-74.

[139] LANATI M, THIELE R. Foreign assistance and migration choices: disentangling the channels[J]. Economics Letters, 2018, 172(11): 148-151.

[140] LIN J, WANG Y. Economic Transformation in africa and how best China can support [M]. in the Zeufack, A & Wang, S (eds) China and Africa in the 21st Century (2020) World Bank: Washington D.C, 2020.

[141] LINDER S. An essay on trade and transformation[M]. Wiley: New York, 1961.

[142] LIU A, TANG B. US and China aid to africa: impact on the donor-recipient trade relations[J]. China Economic Review, 2018, 48: 46-65.

[143] London school of economics, cimb asean research institute, China's belt and road initiative (bri) and southeast asia[EB/OL]. 2018. Available from: https://www.lse.ac.uk/ideas/As sets/Documents/reports/LSE-IDEAS-China-SEA-BRI.pdf.

[144] MAÇÃES B. Belt and road: a Chinese world order[M]. Hurst Publishers, 2019.

[145] MAHEMBE E, ODHIAMBO N M. Does foreign aid reduce poverty? A dynamic panel data analysis for sub-saharan african countries[J]. The Journal of Economic Inequality, 2021,19: 875-893.

[146] MASSEY D S. The social and economic origins of immigration[J]. The Annals of the American Academy of Political and Social Science,1990, 510: 60-72.

[147] MELITZ M. The impact of trade in intra-industry reallocations and aggregate industry productivity[J]. Econometrica, 2003, 71(6): 1695-1725.

[148] MICHALOPOULOS S, PAPAIOANNOU E. Spatial patterns of development: a meso approach[J]. Annual Review of Economics, 2018, 10(1): 383-410.

[149] MILLER T. China's asian dream: empire building along the new silk

road[M]. Bloomsbury Publishing, 2019.

[150] MOODY. China's lending supports growth, exacerbates fiscal and external pressures in sub-saharan africa[EB/OL]. 2018. Available from: https://www.moodys.com/research/Moodys- Chinese-lending-to-Sub-Saharan-Africa-can-support-growth--PR_391736.

[151] MORRIS S, PARKS B, GARDNER A. Chinese and world bank lending terms: a systematic comparison across 157 countries and 15 years[Z]. Center for Global Development Policy Paper, 2020, No. 170.

[152] MORRIS S, PLANT M. China's new debt sustainability framework is largely borrowed from the world bank and imf. Here's why that could be a problem[EB/OL]. 2019. Available from: https://www.cgdev.org/blog/chinas-new-debt-sustainability-framework-largely-borrowed-world-bank-and-imf-heres-why-could.

[153] MOSES O, SPRINGER C, GALLAGHER P. Demystifying Chinese overseas lending and development finance[J]. Global Development Policy Center Policy Brief, 2022, No.018.

[154] MURAT M. Foreign aid, bilateral asylum immigration and development [J]. Journal of Population Economics, 2020, 33(1): 79-114.

[155] NATHOO R, SALIM R, ANCHARAZ V, et al. Does aid for trade diversify sub-saharan africa's exports at the intensive and extensive margins?[J]. Applied Economics, 2021,53(55): 6412-6425.

[156] NATSIOS A S. Five debates on international development: the us perspective[J]. Development Policy Review, 2006, 24(2): 131-139.

[157] NOWAK-LEHMANN F, MARTINEZ-ZARZOSO I, HERZER D, et al. Does foreign aid promote recipient exports to donor countries?[J]. Review of

World Economics, 2013,149(3): 505-535.

[158] Organisation for Economic Co-operation and Development. OECD employment outlook 2022[EB/OL]. Available from: https://www.oecd.org/en/publications/oecd-employment-outlook-2022_1bb305a6-en.html.

[159] OUMAR D. Poverty and real exchange rate: evidence from panel data[J]. Journal of African Development, 2007, 9(1): 67-104.

[160] Oxford business group, will China help ease the covid-19 debt burden on emerging markets?[EB/OL]. 2020. Available from: https://oxfordbusinessgroup.com/news/will-china-help-ease-covid-19-debt-burden-emerging-markets.

[161] PANIZZA U, PRESBITERO A F. Public debt and economic growth: is there a causal effect?[J]. Journal of Macroeconomics, 2014, 41: 21-41.

[162] PARKER S, CHEFTZ G. Debtbook diplomacy[EB/OL]. 2018. Available from: https://www.belfercenter.org/sites/default/files/files/publication/Debtbook%20Diplomacy%20PDF.pdf.

[163] PRYKE J. The bad-and good-of China's aid in the pacific[EB/OL]. 2018. Available from: https://www.lowyinstitute.org/the-interpreter/bad-and-good-china-aid-pacific.

[164] QAYYUM U, DIN M, HAIDER A. Foreign aid, external debt and governance[J]. Economic Modelling, 2014, 37(2): 41-52.

[165] RAJAH R, DAYANT A, PRYKE J. Ocean of debt? Belt and road and debt diplomacy in the pacific[EB/OL]. 2019. Available from: https://www.lowyinstitute.org/publications/ocean-debt-belt-and-road-and-debt-diplomacy-pacific.

[166] RAJAH R, PRYKE J, DAYANT A. China, the pacific, and the "debt trap" question[EB/OL]. 2019. Available from: https://www.lowyinstitute.org/the-

interpreter/china-pacific-and -debt-tra p-question.

[167] RAJAN R, SUBRAMANIAN A. Does aid affect governance?[J]. The American Economic Review, 2007, 97(2): 322-327.

[168] RAVETTI C, SARR M, SWANSON T. Foreign aid and political instability in resource-rich countries[J]. Resources Policy, 2018, 58(10): 277-294.

[169] REINHART C M, REINHART V R, ROGOFF K S. Public debt overhangs: advanced economy episodes since 1800[J]. Journal of Economic Perspectives, 2012, 26(3): 69-86.

[170] REINHART C M, ROGOFF S K. Growth in a time of debt[J]. American Economic Review: Papers & Proceedings, 2010, 100(2): 573-578.

[171] REINHART C. The Hidden debt burden of emerging markets[EB/OL]. 2015. Available from: https://www.hks.harvard.edu/publications/hidden-debt-burden-emerging-markets.

[172] REINHART C.Exposing China's overseas lending[EB/OL]. 2018. Available from: https://www.belfercenter.org/publication/exposing-chinas-overseas-lending.

[173] RESTELLI G. The effects of development aid on irregular migration to europe: deterrence or attraction?[J]. Development Policy Review, 2021, 39(6): 926-952.

[174] RIORDAN P. Coalition attack on China over pacific aid[EB/OL]. 2018. Available from: https://www.theaustralian.com.au/nation/foreign-affairs/coalition-attack-on-china-over-pacific-aid/news-story/29eb518cae5b114272a664aa56a67166.

[175] ROZENBERG J, FAY M. Beyond the gap: how countries can afford the infrastructure they need while protecting the planet[M]. Washington, D.C,

2019.

[176] SAINT-PAUL G. Fiscal policy in an endogenous growth model[J]. The Quarterly Journal of Economics, 1992, 107(4): 1243-1259.

[177] SOYRES F D, MULABDIC A, MURRAY S, et al. How much will the belt and road initiative reduce trade costs?[J]. International Economics, 2019, 159(10): 151-164.

[178] STRANGE A M, PARKS B, TIERNEY M J, et al. Tracking underreported financial flows: China's development finance and the aid-conflict nexus revisited[J]. Journal of Conflict Resolution, 2017, 61(5): 935-963.

[179] United Nations Conference on Trade and Development. Digital economy report 2024[EB/OL]. Available from: https://unctad.org/publication/digital-econom y-report-2024.

[180] United Nations. COVID-19 and sovereign debt, policy brief[Z]. UN/DESA Brief Paper, 2020, No.72.

[181] United Nations. World investment report 2024 - investment facilitation and digital government[EB/OL]. 2024. Available from: https://unctad.org/publication/world-investment-report-2024.

[182] United Nations. World migration report 2022[M]. Geneva, 2022.

[183] VIJIL M, WAGNER L. Does aid for trade enhance export performance? Investigating the infrastructure channel[J]. The World Economy, 2012, 35(7): 838-868.

[184] VOLKERINK B, DE HAAN J. Fragmented government effects on fiscal policy: new evidence[J]. Public Choice, 2001, 109: 221-242.

[185] WANG C, LIM M K, ZHANG X, et al. Railway and road infrastructure in the belt and road initiative countries: estimating the impact of transport

infrastructure on economic growth[J]. Transportation Research Part A: Policy and Practice, 2020, 134: 288-307.

[186] WANG R, XUE Y, ZHENG W. Does high external debt predict lower economic growth? Role of sovereign spreads and institutional quality[J]. Economic Modelling, 2021, 103(11): 105591.

[187] WOETZEL J, BUGHIN J, MANYIKA J. People on the move: global migration's impact and opportunity[Z]. McKinsey Global Institute Reasearch Paper, 2016, No.25.

[188] World Bank. International debt statistics 2020[M]. Washington D.C, 2019.

[189] World Bank. Debt service suspension and COVID-19[EB/OL]. 2021. Available from: https://www.worldbank.org/en/news/factsheet/2020/05/11/debt-relief-and-covid-19-coronavirus.

[190] World Bank. Global economic prospects[EB/OL]. 2022. Available from: https://www.world bank.org/en/publication/global-economic-prospects.

[191] World Bank. Debt transparency in developing economies[EB/OL]. 2021. Available from: https://documents.worldbank.org/en/publication/documents-reports/documentdetail/743881635526394087/debt-transparency-in-developing-economies.

[192] World Bank. Financing for sustainable development report 2021 [EB/OL]. 2021. Available from: https://developmentfinance.un.org/fsdr2021.

[193] World Bank. International debt statistics 2022[EB/OL]. 2022. Available from: https://documents.worldbank.org/en/publication/documents-reports/documentdetail/552361634028314881/international-debt-statistics-2022.

[194] World Trade Organization. World trade report 2021: economic

resilience and trade[EB/OL]. 2021. Available from: https://www.wto-ilibrary.org/content/books/9789287051400#:~:text=The%20World%20 Trade%20Report%20 2021%20shows%20that%20a,trade%20barriers%20and%20greater%20 transparency%20in%20trade%20policies.